昭和～平成

西武鉄道
沿線アルバム

解説　牧野和人

JN096465

車両基地の留置線に勢揃いした池袋線で活躍する黄色い通勤型電車。地下鉄車両の7000系も西武の車両に混じって顔を出した。
新2000系を中心に平成初期の西武電車を飾ったレモンイエローが秋空に映えた。
◎池袋線　小手指検車区（現・小手指車両基地）　1999（平成11）年10月25日　撮影：荒川好夫（RGG）

全長4,811mを誇り、隧道内に複線区間と信号場を持つ正丸トンネルの秩父側にある芦ヶ久保駅。周囲は横瀬川がつくり出した深い谷に囲まれている。特急「ちちぶ」の他、秩父鉄道へ乗り入れる普通列車が轟音と共に山影から姿を現す。◎西武秩父線　芦ヶ久保　1996（平成8）5月26日撮影：荒川好夫（RGG）

1931（昭和6）年1月改訂時の西武鉄道各路線の時刻表。川越線（高田馬場〜川越）、村山線（東村山〜村山貯水池前）、新宿線（新宿駅前〜荻窪）、多摩線（武蔵境〜是政）、国分寺〜東村山の汽車、大宮〜川越久保町の電車時刻が掲載されている。

1章
カラーフィルムで
記録された西武鉄道

横瀬車両基地で静態保存されているクモハ355。施設が催し物等で一般解放される折には往年の姿を見ることができる。保存当初は廃車時の赤電塗装だったが、1998（平成10）年に新製時の姿に近い状態へ再整備された。この時、形式表記はモハ505と改められた。◎西武秩父線　横瀬車両管理所（現・横瀬車両基地）　1998（平成10）年8月18日　撮影：荒川好夫（RGG）

遠くに鋭い佇まいの山頂が続く布引の稜線を見て秩父線を走る5000系の特急「ちちぶ」。新規開業から1年足らずの期間を経た頃の撮影で架線柱や枕木、バラスト等、線路の周辺には未だ真新しい雰囲気が残っていた。特急電車も手入れが行き届いた清潔感溢れる面構えだ。◎西武秩父線　横瀬〜西武秩父　1970（昭和45）年9月　撮影：河野 豊（RGG）

6両編成と4両編成を併結した10両で運転する5000系の特急「ちちぶ」。旧国鉄の長距離特急を彷彿とさせる堂々とした姿だった。後年には全ての編成が6両化され、6本36両の陣容となった。同車両の製造は1969（昭和44）年から1978（昭和53）年の10年間に亘った。◎池袋線　保谷～ひばりヶ丘　1975（昭和50）年6月24日　撮影：小野純一（RGG）

特急「おくちちぶ」のヘッドマークを掲げ西武新宿線内を走る5000系。同車両は従来、西武池袋線の仕業に充当されていたが、1976（昭和51）年に休日限定で西武新宿〜西武秩父間の特急として「おくちちぶ」が設定され、西武新宿線で定期的に姿を見ることができるようになった。◎新宿線　東村山〜所沢　1985（昭和60）年4月14日　撮影：荒川好夫（RGG）

トンネルの奥に前照灯が浮かび上がると程なくして特急「ちちぶ」が飛び出して来た。正丸トンネルは秩父線の建設で随一の難工事となった箇所。新路線の開業に合わせて製造された5000系と共に、西武が秩父地方への進出を果たした象徴である。
◎西武秩父線　芦ヶ久保～正丸　1982（昭和57）年2月28日　撮影：荒川好夫（RGG）

特急「むさし」は池袋～飯能間で運転される。平日の運転時間帯は早朝と夕刻以降であり、通勤列車としての性格が強い。5000系は列車が設定された1973（昭和48）年から1995（平成7）年まで充当された。当初は所沢発着の便もあった。
◎池袋線　所沢　1984（昭和59）年3月12日　撮影：森嶋孝司（RGG）

武甲山麓の小駅で昭和期の西武における客貨輸送の主役が顔を揃えた。5000系の「ちちぶ」は都心と秩父を結ぶ観光特急。E851は東横瀬貨物駅を起点とした、セメント輸送の貨物列車を牽引した大型電気機関車である。かつては貨物輸送も西武の主力事業だった。◎西武秩父線　横瀬　1982 (昭和57) 年2月28日　撮影：荒川好夫 (RGG)

特急
ちちぶ

新規に開業した急勾配区間が続く秩父線に対応すべく、高出力モーターを搭載した通勤型電車として登場した101系。1968（昭和43）年から約8年間で278両が製造された。後に西武の通勤型電車で標準仕様となったレモンイエローの一色塗装は本形式から始まった。◎西武秩父線　横瀬　1970（昭和45）年9月　撮影：河野 豊（RGG）

池袋線の輸送力強化を図るべく1983（昭和58）年より製造された3000系。前面2枚窓の仕様ながら中央部に既存車両のような
支柱はない。また窓周りの凹部分を黒塗装として、当時の主力車両だった101系等とは異なる外観になった。
◎池袋線　稲荷山公園〜武蔵藤沢　1985（昭和60）年4月9日　撮影：荒川好夫（RGG）

第二次世界大戦後初の新型車両として登場した501系のうち、制御電動車は1964（昭和39）年に実施された形式改称に伴い、モハ411形からクモハ351形となった。末期は本線系統から多摩湖線へ転用された。最期まで「赤電」と呼ばれた旧塗装をまとっていた。◎新宿線　所沢～東村山　1985（昭和60）年4月10日　撮影：荒川好夫（RGG）

中間付随車を挟んだ3両編成は多摩湖線専用の証し。本線で活躍した351系は101系等の台頭で編成を短縮化されて支線に転用された。17mとやや小振りな車体が、ホームの延長等が難しかった多摩湖線の環境に合っていた。
◎池袋線　所沢　1984（昭和59）年3月12日　森嶋孝司（RGG）

多摩川線が終の棲家となった551系。晩年まで旧塗装のままで運転された。本線系の運用に就く通勤型電車の塗装がレモンイエローで席巻されていくなか、多摩川線は「赤電」最後の牙城となっていた。ホームの向かい側に旧国鉄(現・JR東日本)中央本線の201系電車が見える。◎多摩川線　武蔵境　1984(昭和59)年11月23日　撮影:森嶋孝司(RGG)

旧性能電車の増結を目的として誕生した571系。しかし昭和末期になると本線系で新性能車が台頭し、旧型車が淘汰される中で活躍の場を支線へ移した。非冷房のままで1988（昭和63）年まで運用された。
◎多摩川線　多磨墓地前（現・多磨）〜北多磨（現・白糸台）　1985（昭和60）年4月6日　撮影：森嶋孝司（RGG）

昭和50年代に入って不足気味になった旧性能車の2両編成を補充すべく、中間電動車のモハ571形とサハ1571形に運転台の新設等を施して誕生した571系。切妻の武骨な前面形状ながら、右手上部に行先方向幕が設置された。
◎西武園線　東村山〜西武園　1985（昭和60）年4月10日　撮影：高木英二

多摩川線の車両基地に佇むクハ1651形。老朽化で廃車されたクハ1411形と編成を組んでいた451系電動制御車の新たな相方として、クハ1601形に連結対応工事を施して誕生した形式である。
◎多摩川線　北多磨車両基地（現・白糸台車両基地）　1985（昭和60）年3月22日　撮影：荒川好夫（RGG）

旧塗装をまとった701系が行き交っていた頃の西武池袋線。保谷市(現・西東京市)内の沿線には畑地や雑木林が未だ多く見られた。ひばりヶ丘は付近に造成された新興住宅地のひばりが丘団地に合わせて、1959(昭和34)年に田無町から改称した駅名だ。
◎池袋線　ひばりヶ丘〜保谷　1975(昭和50)年6月　撮影:小野純一(RGG)

1963（昭和38）年末から1967（昭和42）年にかけて製造された701系。4両編成48本の192両が製造され、普通用電車の一大勢力となった。従来は前照灯があった車体前面の中央上部に車体埋め込み式の行先表示器を配置し、旧型車と異なる雰囲気の姿になった。◎新宿線　所沢〜東村山　1985（昭和60）年4月10日　撮影：荒川好夫（RGG）

ヘッドマークを掲出した701系急
行「奥武蔵」が池袋線の単線区間
へ乗り入れて来た。「ハイキング急
行」と呼ばれた休日運転の臨時列
車は、1969（昭和44）年の西武秩
父線開業を機に列車名を「奥秩父」
「奥武蔵」とし、昭和末期まで運転
された。
◎池袋線　元加治～飯能
1979（昭和54）年5月27日
撮影：森嶋孝司（RGG）

東村山浄水場付近の桜並木に沿って走る
701系。多摩湖線は国分寺から北上し、
拝島線と連絡する萩山駅経由で東村山
市内の西武遊園地まで続く、東京都西部
の近郊路線である。昭和初期に西武グ
ループの中核企業であった箱根土地の子
会社、多摩湖鉄道が開業した。
◎多摩湖線　武蔵大和～八坂
1984（昭和59）年4月21日
撮影：森嶋孝司（RGG）

旧国鉄（現・JR東日本）中央本線が通る国分寺駅は西武二路線の起点でもある。国分寺線は中央本線としばらく並走した後に、緑豊かな日立製作所の敷地に沿って進む。北西方向に延びる線路の先には、恋ヶ窪という美しい響きの駅がある。
◎国分寺線　恋ヶ窪〜国分寺
1985（昭和60）年2月24日
撮影：森嶋孝司

多摩川線の電車を冷房化するため、主に西武新宿線で運用されていた701系等を投入した。新性能化で電車の色は本線と同じレモンイエローになったが、緑地公園等がある野川界隈を始め、まだ沿線にはのどかな景色が散見された。◎多摩川線
新小金井〜多磨墓地前（現・多磨）
1984（昭和59）年11月23日
撮影：森嶋孝司（RGG）

池袋へ向かう501系。客室扉にプレス模様がない後期型だ。前面の形状も屋根部の曲線が浅く前期型と異なる表情である。中間電動車の全長は当初17m級だったが、1957(昭和32)年に増備された521編成から20m級車体に改められた。
◎池袋線　ひばりヶ丘〜保谷　1975(昭和50)年6月　撮影：小野純一(RGG)

701系列車両の増結用として既存の411系に冷房化、主要機器の高性能化を施して誕生した401系。切妻形状の車体を持つ西武電車の中では唯一、レモンイエローの新塗装をまとうこととなった車両だった。
◎新宿線　下落合〜高田馬場　1993（平成5）年4月11日　撮影：森嶋孝司（RGG）

狭山市駅南方のゆったりとした切通し区間を行く501系の西武新宿行き「急行」。集中型の冷房装置を屋上に搭載した晩年の姿だ。先頭車の前方に載る大振りなパンタグラフが車両の表情をより重厚に魅せていた。
◎新宿線　狭山市〜入曽　1985（昭和60）年3月25日　撮影：荒川好夫（RGG）

春まだ浅い風情の木立を背景に池袋線を行く301系の快速急行「奥武蔵」。行楽客に向けた休日運転の臨時列車だったが、もっぱら通勤型電車が運用を担当した。1980（昭和55）年に列車種別が「ハイキング急行」から「快速急行」に変更された。
◎池袋線　武蔵藤沢〜稲荷山公園　1985（昭和60）年4月14日　撮影：高木英二（RGG）

新101系の8両固定編成仕様として製造された301系。大量輸送の需要が高かった西武新宿線へ投入された。1984 (昭和59) 年製
の編成は、自社所沢車両工場において製造された。
◎新宿線　東伏見〜武蔵関　1993 (平成5)年12月9日　森嶋孝司 (RGG)

普通列車の運用に就く301系。新101系のうち、1980（昭和55）年末に増備された4両編成に300番台の区分が割り当てられ、それらを301系と称した。後年に中間付随車が増結されて8両固定編成となった。
◎池袋線　東吾野〜吾野　1994（平成6）年10月14日　撮影：荒川好夫（RGG）

快速急行として西武園線を行く801系。先行して製造された701系と同じような外観だが、制御車の台車が空気バネ仕様となり、室内灯等に用いる低電圧電源は、直流から交流に改められるなど、細かい改良が加えられていた。
◎西武園線　東村山～西武園　1985 (昭和60) 年3月18日　撮影：荒川好夫 (RGG)

貨物輸送が盛んだった西武鉄道には大正から昭和初期にかけて製造された電気機関車が集められ、昭和末期まで活躍した。E41はイギリスのイングリッシュ・エレクトリック社製で、現在のJR青梅線の一部となった青梅鉄道（後に青梅電気鉄道）が4両を輸入した。◎池袋線　元加治〜仏子　1984（昭和59）年5月15日　撮影：荒川好夫（RGG）

昭和末期に自社所沢車両工場で新製されたE31。既に西武における貨物輸送は終焉に差し掛かっていたが、本形式は主な用途を
保線等に用いる工事列車等の牽引としていた。近代的ないで立ちながら、台車は旧国鉄80系電車からの再利用品。主電動機は351
系のものを転用している。◎新宿線　新所沢　1988 (昭和63) 年9月9日　撮影：松本正敏 (RGG)

池袋線末端区間の名舞台にE851がセメントホッパ車を引き連れて登場した。旧国鉄のEF65形に似た外観ながら、赤を基調とした塗装や側面の丸窓は、欧州の機関車を連想させる洒落たいで立ちだった。内部機器等も同時期に製造されたEF65、EF81に準じた仕様だった。◎池袋線　東吾野〜吾野　1994（平成6）年10月15日　撮影：荒川好夫（RGG）

西武山口線では鉄道開業百年を機に蒸気機関車を導入。頸城鉄道、井笠鉄道が所有していた小型のタンク機を借り入れて使用した。1976（昭和51）年に台湾の台湾糖業公司が所有していた機関車2両を譲り受け、1984（昭和59）年に営業を休止するまで運転した。◎山口線（旧線）遊園地前〜中峯信号所（撮影時休止）　1979（昭和54）年7月29日　撮影：森嶋孝司（RGG）

多摩湖ホテル前とユネスコ村を結ぶ軌間762㎜の遊戯施設だった「おとぎ線」を地方鉄道法に基づく地方鉄道に転換した西武山口線。愛らしい姿の蓄電池機関車が小さな客車を牽引した。多摩湖の畔近くを走る沿線は木々に包まれていた。
◎山口線（旧線）ユネスコ村〜山口信号所　1984（昭和59）年4月21日　撮影：森嶋孝司（RGG）

休日等に行楽客を輸送するため、池袋〜西武秩父間に運転されていたハイキング急行。「奥武蔵」は飯能以西で各駅に停車した。
新101系が小振りなヘッドマークを掲出して観光地秩父を目指す。列車種別幕も赤と青地を施した華やかな仕様になっていた。
◎西武秩父線　正丸　1982（昭和57）年2月28日　撮影：荒川好夫（RGG）

沿線で僅かに緑が残っていた所沢市郊
外を駆ける新101系の準急。湘南窓を持
つ電車としてはやや角ばった形態の電車
は、同じ性能を持つ従来の101系と共に、
本線通勤輸送の主力として昭和中期から
平成の始めにかけて一大勢力を誇った。
◎新宿線　所沢〜東村山
1993（平成5）年1月27日
撮影：森嶋孝司（RGG）

昭和40年代に量産された101系が製造を終えてから約3年間を経て新製された新101系。車両番号は従来の101系から連番となったが、左右に独立した前面窓の形状をはじめ、先代車両とは大きく異なる印象の外観となった。しかし、台車や電装機器等は従来からのものが採用された。◎池袋線　東長崎〜江古田　1979（昭和54）年8月　撮影：森嶋孝司（RGG）

1989（平成元）年に秩父鉄道との連絡線が西武秩父駅構内に設置され、4月1日から秩父本線への直通運転が開始された。専用車両と位置付けられる4000系が登場するまでは101系、新101系等が乗り入れた。
◎秩父鉄道　秩父本線　武州日野〜白久　1993（平成5）年5月16日　撮影：森嶋孝司（RGG）

緑濃い木立に沿って続く複線区間を行く新2000系の西武新宿行き急行。前照灯は下部に配置し、列車種別幕、行先表示幕、列車番号表示が横一列に並んだ緩い弧を描く前端のおでこ部分が西武の新系列車両としては個性的だった。
◎新宿線　久米川〜小平
1993（平成5）年12月9日
撮影：森嶋孝司（RGG）

丸みを帯びながらも四角い形状の妻面が特徴となっている2000系。特に通勤区間の駅で僅かな停車時間の内に乗降客の速やかな流れを促すことができるように4扉となった。また先頭車には貫通扉が設けられた。
◎新宿線　下落合〜高田馬場　1993（平成5）年4月11日　撮影：森嶋孝司（RGG）

車両基地で平成初期に活躍した通勤型電車が顔を揃えた。昭和40年代以降、レモンイエローは西武の電車を象徴する塗色になっていた。切妻が質実剛健な非貫通車。湘南窓。貫通扉を備えた新系列車と異なる顔が車両史の変遷を物語っていた。◎新宿線　南入曽検車区（現・南入曽車両基地）1993（平成5）年11月6日
撮影：森嶋孝司

「鉄道記念日」が「鉄道の日」と改められた年。鉄道施設を一般公開する催しの一つとして池袋線沿線の電留線に通勤型電車が集められた。当時の主役は軽量ステンレス車体の6000系。先頭部にはFRP製の形成部品を用いている。
◎池袋線　武蔵丘信号場（現・武蔵丘車両基地）
1994（平成6）年10月14日
撮影：荒川好夫（RGG）

秩父鉄道への直通運転用車両として登場した4000系。1988（昭和63）年から1992（平成4）年にかけて、全編成が東急車輛製造
で製造された。西武秩父線の終点西武秩父駅から連絡線を渡って秩父鉄道の御花畑駅付近へ乗り入れる。
◎秩父鉄道 秩父本線　白久〜武州日野　1993（平成5）年5月16日　撮影：森嶋孝司（RGG）

新宿線を含む国分寺〜本川越間の開業100周年を記念した列車が運転された。白地に青、赤、緑の「ライオンズカラー」ラインを巻いた4000系が充当され、開業時の主力であった蒸気機関車のイラストを描いたヘッドマークを掲出した。
◎国分寺線　恋ヶ窪〜国分寺　1995（平成7）年3月26日　撮影：森嶋孝司（RGG）

秩父鉄道の終点駅で顔を合わせた4000系と旧国鉄通勤型電車の101系。秩父鉄道では1000系を名乗っていた。旧国鉄時代の1986（昭和61）年から民営化後の1989（平成元）年までに3両編成12本の計36両が譲渡された。
◎秩父鉄道 秩父本線　三峰口　1997（平成9）年4月12日　撮影：荒川好夫（RGG）

西武新宿線の起点、西武新宿駅界隈は大小のビルが建ち並ぶ都会的な雰囲気を湛える。線路の背後には1977（昭和52）年に開業した新宿プリンスホテルがそびえる。ホテルが入ったビルの下階に駅構内がある。6000系の急行がゆっくりとホームへ入って行った。◎新宿線　高田馬場〜西武新宿　1997（平成9）年3月13日　撮影：荒川好夫（RGG）

地下鉄乗り入れ対応仕様の6000系が快速急行運用に就く。1998（平成10）年3月から2012（平成24年）年6月まで設定されていた西武で二代目の快速急行は、全列車が平日のみに西武新宿〜本川越間で運転していた。
◎新宿線　所沢〜東村山　1999（平成11）年10月25日　撮影：荒川好夫（RGG）

6000系のうち、車体をアルミ合金製とした50番台車。一編成当たりの重量はステンレス車体の0番台車よりも29.1ｔ軽い。営業運転開始当初は池袋〜飯能間の急行、および池袋〜小手指間の準急で運用されていた。
◎池袋線　秋津〜所沢　1997（平成9）年4月29日　撮影：武藤邦明（RGG）

池袋線の大量輸送を捌くべく、10両編成の4枚扉車として登場した9000系。新製から間もない姿は光沢のあるレモンイエローの車体が初々しい。未だ、営業用の長編成に組成されていない様子だ。
◎新宿線　上石神井車両管理所 (現・上石神井車両基地) 1994(平成6)年1月19日　撮影：松本正敏 (RGG)

1993（平成5）年から製造された9000系。池袋線の10両編成化に対応した車両だ。混雑を極めていた輸送状況を緩和すべく乗降扉は片側4枚ずつとした。走行機器等は101系の廃車発生品を利用した。長編成化された結果、中間付随車を連結している。
◎池袋線　秋津～清瀬　1998（平成10）年3月29日　撮影：武藤邦明（RGG）

池袋線の新設特急「小江戸」に投入された10000系は増備と共に特急「ちちぶ」等の運用に就き、新宿線にも進出した。以降、四半世紀以上に亘って西武鉄道の顔となった。異なる調子の灰色三色を地色にした落ち着いた車体塗装が優等列車らしい気品を高めていた。
◎西池袋線　東吾野〜吾野
1996（平成8）年5月25日
撮影：荒川好夫（RGG）

西武で二代目となった有料特急専用電車が10000系である。1993（平成5)年12月6日。西武新宿線西武新宿〜本川越間に新設された特急「小江戸」で運用を開始した。先代5000系の愛称を踏襲して「ニューレッドアロー」と呼ばれた。
◎新宿線　所沢〜東村山
1993（平成5）年12月9日
撮影：森嶋孝司（RGG）

世紀末に登場した新型の通勤電車は20000系。試運転に備え、新製直後の第一編成が車両基地に停車する。乗務員の習熟運転を経て2000 (平成12) 年2月から営業運転を開始した。傍らの本線上を行く既存車両とは全く異なる姿、塗装である。
◎池袋線　小手指検車区 (現・小手指車両基地)　1999(平成11)年10月25日　撮影：荒川好夫 (RGG)

山口線は普通軌道から案内軌条式鉄道への転換工事を行い、1985（昭和60）年4月25日より営業を再開した。新規の営業区間は
西武遊園地〜西武球場前間の2.8kmで、遊園地前〜ユネスコ村間は廃止された。5月の連休で賑わう遊園地を左手に見て新型列車
が進む。◎山口線　遊園地西〜西武遊園地　1985（昭和60）年5月3日　撮影：森嶋孝司（RGG）

西武鉄道沿線図絵【昭和戦前期】

戦前の旧西武鉄道（現・西武新宿線）は、都心乗り入れを目指して、高田馬場～早稲田間の免許を得ており、この図絵（路線図）の起終点駅は早稲田駅になっている。下落合駅の北側には目白文化村が誕生しており、新井薬師前駅の北側には遊楽園と哲学堂、南側にはテニスコートが見える。西側の小川駅付近の路線では、蒸気機関車が牽引する列車が走っている。一方、新宿駅前を起点とする軌道線は、後の都電杉並線であり、荻窪に至っていた。

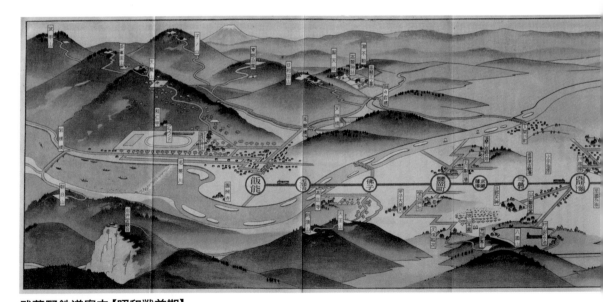

武蔵野鉄道案内【昭和戦前期】

武蔵野鉄道（現・西武池袋線）時代の路線図で、現在の桜台駅は存在していない。1936（昭和11）年7月に開業するこの駅に代わって、江古田～練馬間には武蔵野稲荷（神社）が描かれている。また、貫井、石神井、東大泉の各駅は1933（昭和8）年3月に現在の駅名である「富士見台」「石神井公園」「大泉学園」にそれぞれ改称する。また、このときに西側では、三ヶ島村が狭山ヶ丘に駅名を改めている。飯能～吾野間はまだ延伸・開業していない。

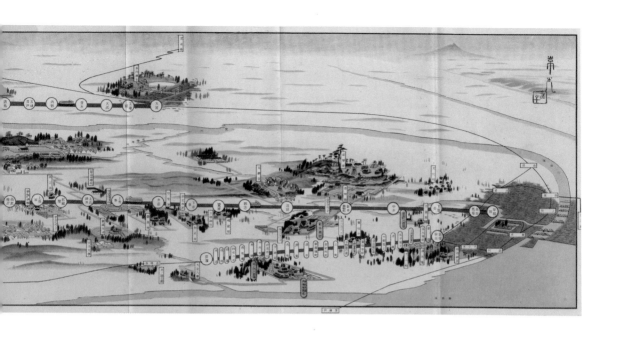

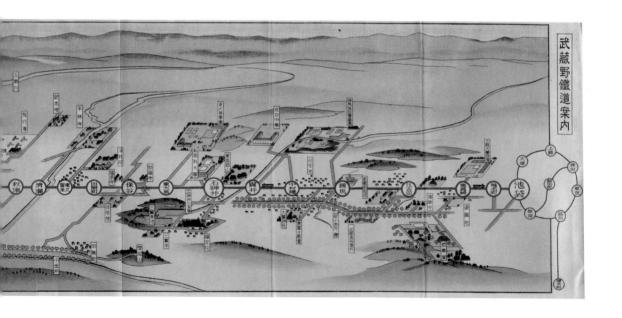

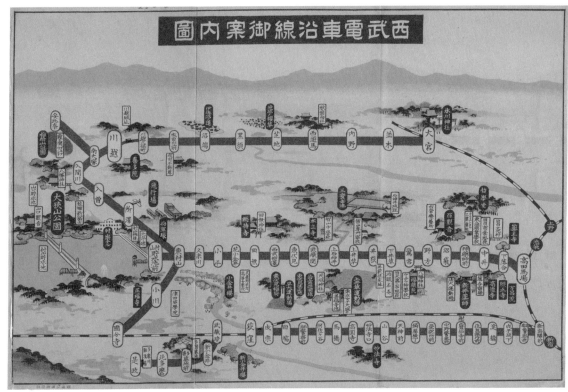

西武電車沿線御案内図（大狭山公園と西武電車）【昭和戦前期】
西（左）側に見える大狭山公園を強調した西武電車の路線図で、村山線（現・新宿線）とともに多摩線（現・多摩川線）、大宮線（後に廃止）や軌道線（後の都電杉並線、廃止）も描かれている。南大塚駅から延びる安比奈線は、1925（大正14）年2月に開業し、戦後に休止・廃止された貨物線である。現在の本川越駅は、改称前の「川越」の駅名を名乗っていた。また、大宮線の終着駅は川越久保町駅であり、1906（明治39）年4月に開業し、1940（昭和15）年12月に休止、翌年2月に廃止された。

時刻表【昭和戦前期】
川越（現・本川越）～国分寺間を結んでいた現在の新宿線、国分寺線の時刻表で、この当時はともに川越線として、直通運転が行われていた。1952（昭和27）年3月に本川越～東村山間が新宿線、東村山～国分寺間が国分寺線となった。現在の狭山市駅は「入間川」の駅名を名乗っており、改称するのは戦後の1979（昭和54）年3月である。また、連絡する国鉄（現・JR）の中央本線の新宿・東京方面、八王子方面の時刻表も付けられている。

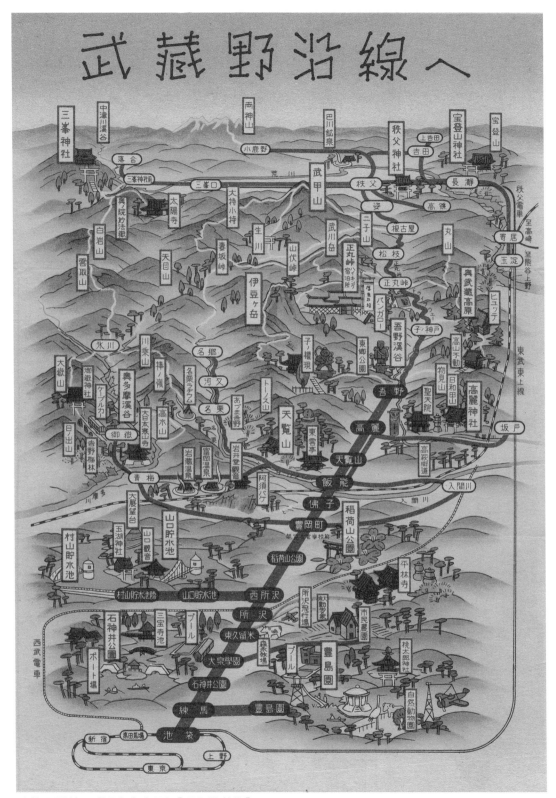

武蔵野沿線へ（観光案内図）【昭和戦前期】

武蔵野鉄道（現・西武池袋線）は、最上部に見える飯能～吾野間が1929（昭和4）年9月に開通し、全線開通となり、途中駅の高麗駅、虎秀（現・東吾野）駅などが開業している。その後、1931（昭和6）年4月に天覧山駅が開業したが、この駅は1945（昭和20）年2月に休止し、そのまま廃駅となった。この路線図（観光案内図）は飯能・吾野方面が中心で、天覧山、正丸峠、高麗神社、武甲山、秩父神社などの観光地、名所が描かれている。

西武有楽町線新桜台〜練馬間と帝都高速交通営団（現・東京地下鉄）有楽町線新線小竹向原〜新線池袋（現・副都心線池袋）間が同日に開業し、練馬駅で出発式が執り行われた。西武有楽町線は高架化工事の遅れから下り線単線での暫定開業だった。
◎西武有楽町線　練馬　1994（平成6）年12月7日　撮影：森嶋孝司（RGG）

西武鉄道線に乗り入れた帝都高速鉄道営団（現・東京地下鉄）7000系。地下鉄有楽町線の開業に際し、1974（昭和49）年から製造された。西武鉄道との相互直通運転で多様な列車に運用されることを想定し、前面上部に列車種別表示機器を備える。
◎西武有楽町線　練馬　1997（平成9）年6月1日　撮影：武藤邦明（RGG）

2章
モノクロフィルムで記録された西武鉄道

大勢の利用客が改札口へ向かって歩き、ターミナル駅らしい賑わいを見せていた駅ビルが建つ前の西武新宿駅構内。1964（昭和39）年には近隣の旧国鉄（現・JR東日本）新宿駅東口に「新宿ステーションビル」が竣工。新ビルは西武新宿線の乗り入れを考慮した構造であったが、その構想は実現しなかった。◎新宿線　西武新宿　1965（昭和40）年　提供：西武鉄道

多摩川線が電化された後も、砂利等を運搬する貨物列車の牽引に蒸気機関車が用いられた。煙で架線を燻しながら駅構内を通過して行った。後に西武山口線に登場する車両を除く、西武最後の現役蒸気機関車は1957（昭和32）年まで運転された。
◎多摩川線　新小金井　1955（昭和30）年４月　撮影：竹中泰彦

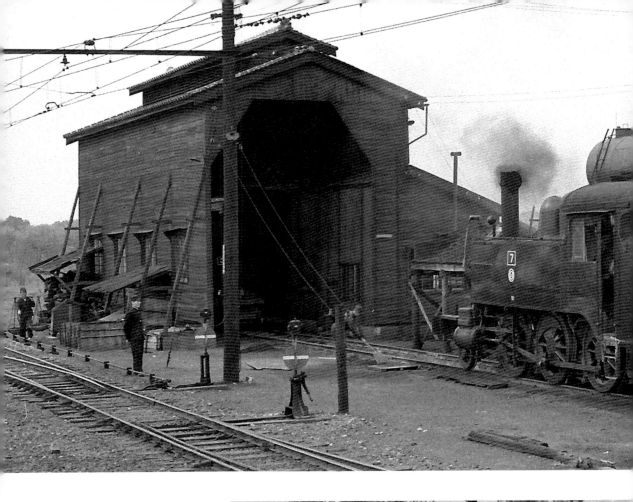

西武多摩川線は多摩川河川敷での砂利
採取を目的として多摩鉄道が大正期に
建設した路線。1927（昭和2）年に旧
西武鉄道が多摩鉄道を合併し多摩線と
なった。合併後も砂利輸送は継続され
た。1950（昭和25）年に本線が電化され
てからもしばらくの間、蒸気機関車が砂
利獲り線から貨物列車を牽引した。
◎多摩川線　是政　1955（昭和30）年
撮影：竹中泰彦

所沢陸軍飛行場は第二次世界大戦後、アメリカに接収されて米軍基地が置かれた。北所沢（現・新所沢）から基地内まで側線があり、小型の蒸気機関車2両が物資輸送等に従事した。北所沢には小振りな車庫を備えた機関車の整備施設があった。中央部に車掌室を設けた無蓋の緩急車がタンク機によく似合う。
◎北所沢（現・新所沢）
昭和20年代後半　撮影：竹中泰彦

昭和初期までの多摩川線には、小柄な蒸気機関車が二軸の木造客車を牽引する、日本の鉄道創成期を窺わせる情景があった。車掌室を備えたハフ1は日本初の民間客貨車製造会社であった平岡工場で1894（明治27）年に製造された。
◎多摩川線　北多磨（現・白糸台）
1937（昭和12）年4月18日
撮影：荻原二郎

非電化時代の上水線（現・拝島線）で運転されたキハ101。正方形を斜めにしたような形の行先表示板が個性的だ。元は佐久鉄道（現・JR小海線の一部）のキホハニ50形の55号車。第二次世界大戦中の1943（昭和18）年に旧西武鉄道へ譲渡され、多摩川線で運用された。
◎上水線（現・拝島線）小川
1954（昭和29）年10月
撮影：竹中泰彦

拝島線のうち、小川〜玉川上水間は1950（昭和25）年に上水線として開業した。本路線は日立航空機立川工場の専用鉄道であった施設を第二次世界大戦後に西武鉄道が取得し、地方鉄道として開業した。開業当初は非電化で4両の小型気動車が運用に就いた。◎上水線（現・拝島線）　1954（昭和29）年10月　撮影：竹中泰彦

西武鉄道の前身会社の一つであった武蔵野鉄道が、蒸気機関車に頼っていた貨物列車の牽引を全て電気機関車に置き換えるために投入したデキカ20形。1927（昭和2）年に川崎造船所で2両製造された。両機は合併による新会社成立後も終始西武に在籍し、E21形E21、22として1978（昭和53）年まで使用された。
◎池袋線　池袋
1964（昭和39）年5月17日
撮影：伊藤威信

沿線で収穫される野菜等の農産物が主要な貨物の一つだった西武鉄道。昭和30年代に入っても雑多な二軸貨車で編成された列車が本線上を走っていた。現在は周辺に住宅がひしめく石神井公園駅からの眺めも遠くに森影を望む隔世の風情。構内ではイギリス製のE41形が入替え作業に従事中。
◎池袋線　石神井公園
1964（昭和39）年5月31日
撮影：伊藤威信

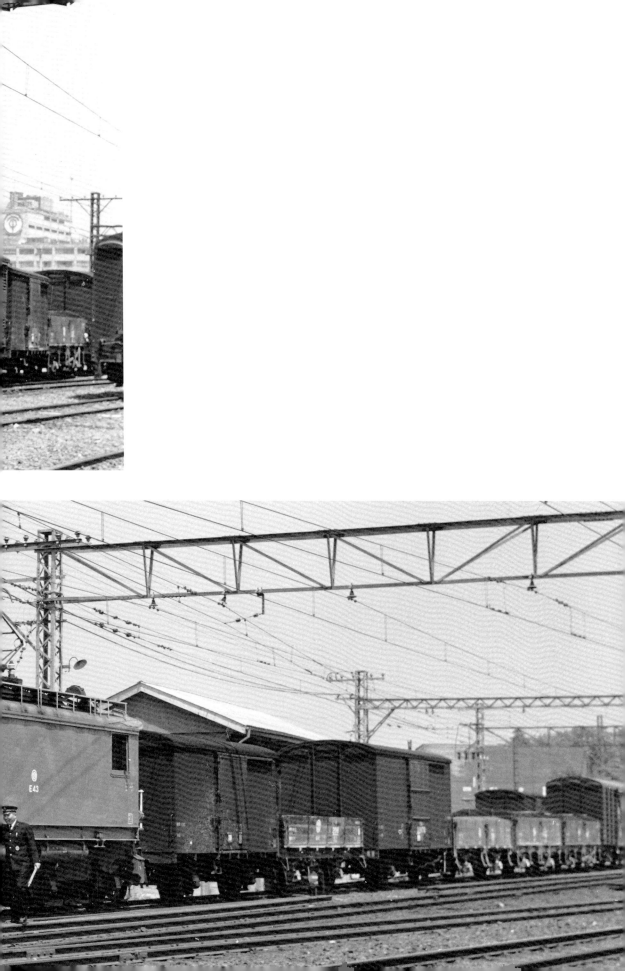

軍用と思しき車両を積んだ無蓋車を連ねた貨物列車が、のどかな風情のホームで電車をやり過ごしていた。西武の沿線には自衛隊の駐屯地や米軍基地があり、物資輸送に鉄道を利用することが多かった。国分寺線には旧国鉄（現・JR東日本）中央本線を走って来た貨物列車が国分寺駅から乗り入れていた。◎国分寺線　1954（昭和29）年10月　撮影：竹中泰彦

電化された多摩川線にやって来たE31形。1947（昭和22）年製の小柄な凸型機である。西武での在籍期間は短く、1952（昭和27）年に駿豆鉄道（現・伊豆箱根鉄道　駿豆線）へ譲渡された。現在も同鉄道大場工場内での入れ替え作業や、甲種回送車両の牽引に充当されている。◎多摩川線　北多磨（現・白糸台）　1955（昭和30）年6月　撮影：竹中泰彦

二軸の有蓋、無蓋貨車を従えて、スイッチバック構造の飯能駅ホームに停車するＥ22。武蔵野鉄道時代より、電化による動力近代化に貢献した老電気機関車は、新潟県の越後交通が架線電圧を昇圧した折に、同社へ貸し出された経緯を持つ。1969（昭和44）年に西武へ戻り、1978（昭和53）年まで活躍した。◎池袋線　飯能　1952（昭和27）年11月　撮影：竹中泰彦

長閑な田園風景が広がっていた頃の国分寺線で、貨物列車を牽引するＥ61形。昭和30年代には旧国鉄の電化黎明期に活躍した小振りな電気機関車が集まっていた。本機は元国鉄のED11形で、アメリカのゼネラル・エレクトリック社が1923（大正12）年に２両を製造した。◎国分寺線　恋ヶ窪～国分寺　1964（昭和39）年４月２日　撮影：長渡 朗

ターミナル駅池袋が間近な住宅街をセメントホッパ車で組成された貨物列車が進む。先頭に立つ個性的な姿の電気機関車はＥ51形。元旧国鉄のED12である。スイスのブラウン・ボベリ社とシュリーレン社の合作で、東海道本線の電化に際し、1923（大正12）年に輸入された舶来機だ。◎池袋線　東長崎～椎名町　1975（昭和50）年12月５日　撮影：長渡 朗

1952（昭和27）年に是政線から武蔵境線（現・多摩川線）に改称され、同線で貨物列車を牽引した凸型電気機関車。元は旧国鉄（現・JR東海）飯田線を構成した前身会社の一つである伊那電気鉄道のデキ1形で、同鉄道が第二次世界大戦中に国鉄へ買収されるとED31と改称された。旧国鉄で廃車された後に2両が西武鉄道へ譲渡され1形1、2号機となった。
◎武蔵境線（現・多摩川線）　1954（昭和29）年　撮影：竹中泰彦

5000系電車とE851形電気機関車。西武秩父線開業に合わせて登場した客貨輸送の優が池袋駅の構内で肩を並べていた。電気機関車は貨物を従えて発車時刻を待っている様子。一方、5000系は次の仕業まで小休止している模様だ。ヘッドマークを外した正面の表情には、沿線で見掛ける堂々たる姿と異なる優しさが漂っていた。
◎池袋線　池袋　昭和45年頃　撮影：園田正雄

二重屋根に集電用のポールを備えた古風な姿の電車が、多摩湖鉄道時代の国分寺駅に停車する。モハ20形は京王電気軌道（現・京王電鉄）から譲り受けた木造車。当鉄道が導入した初のボギー車だった。西武の車両となった際にモハ101形と改番され、車体は後に鋼体化された。◎多摩湖線　国分寺　1934（昭和9）年7月30日　撮影：荻原二郎

車体下部に武蔵野鉄道と記載された単車はモハ15形。1940（昭和15）年に多摩湖鉄道を合併した武蔵野鉄道が、江ノ島電気鉄道（現・江ノ島電鉄）から譲り受けた全長8mほどの小型車だった。単独での運転を前提としたので連結器は装備していない。緊急時の対応として牽引用の金具が取り付けられていた。
◎武蔵野鉄道　本小平（現・小平に統合）　1941（昭和16）年10月25日　撮影：裏辻三郎

現在の西武池袋線に相当する営業をしていた武蔵野鉄道は、路線網の拡大に備えて大正期から昭和初期にかけて、車体長17m
級の半鋼製電車を増備した。鉄道黎明期に製造された二重屋根、床下トラス仕様の木造車に混じって車庫に佇む姿が、当時と
しては斬新だった。◎武蔵野鉄道（現・西武池袋線）保谷　1940（昭和15）年8月28日

遊園地としまえん（開業当時は練馬城址豊島園）への鉄路として建設された豊島線。池袋線の練馬から一駅間のみ1kmの総延長
距離は西武の鉄道路線で最も短い。開業はとしまえんが開園式を催した年と同じ1927（昭和2）年の10月15日だった。終点の
駅名は豊島だった。◎豊島線　豊島（現・豊島園）　1932（昭和7）年　撮影：荻原二郎

単行の運用に就くデハ131。武蔵野鉄道が1925(大正14)年に2両を新制導入した二重屋根を備える木造電車だ。新西武成立後にモハ131形と改番され、1949(昭和24)年に近江鉄道へ譲渡された。その後、車体は1961(昭和36)に正面二枚窓の鋼製に載せ替えられた。◎池袋線　桜台　1939(昭和14)年8月23日　撮影：荻原二郎

二軸貨車、小型の蒸気機関車と共にクハ600形が側線に留め置かれていた。同車両は1927(昭和2)年に導入した17m級の全鋼製電車だ。川崎造船所が手掛けた同仕様の車両は、阪神急行電鉄(現・阪急電鉄)や目黒蒲田電鉄(現・東急電鉄)等、複数の鉄道会社に納入された。◎多摩川線　武蔵境　昭和14年頃　撮影：裏辻三郎

西武鉄道が運営する埼玉県下の駅で所沢に次いで乗降客数が多い新所沢。北所沢時代の駅周辺は草原に囲まれて閑散としていた様子だ。当駅は所沢陸軍飛行場の最寄り駅として1938（昭和13）年に開業。以降所沢御幸町、現在地に移転して、北所沢と改称を重ね、1959（昭和34）年に新所沢となった。◎新宿線　北所沢（現・新所沢）　1955（昭和30）年　撮影：竹中泰彦

モハ255とクハ1255の2両編成が、沿線に畑地が多く見られた頃の新宿線を行く。クハ1255は旧西武鉄道が1927（昭和2）年に投入した電動制御車のモハ500形が元の車両。第二次世界大戦時の統制下で、モハ200形を製造するために電動機器等を供出して制御車に改造された。
◎新宿線　東村山
1952（昭和27）年10月5日
撮影：荻原二郎

地上ホーム時代の練馬駅に停車するモ
ハ217。車体に数多く打ち込まれたリ
ベットが厳めしい。床下のトラスが遠
い製造時期を物語っているかのようだ。
後ろに付く二重屋根の車両は、旧国鉄か
ら払い下げられた木造客車を付随車化
したサハ2000形だ。
◎池袋線　練馬
1954（昭和29）年9月15日
撮影：青木栄一

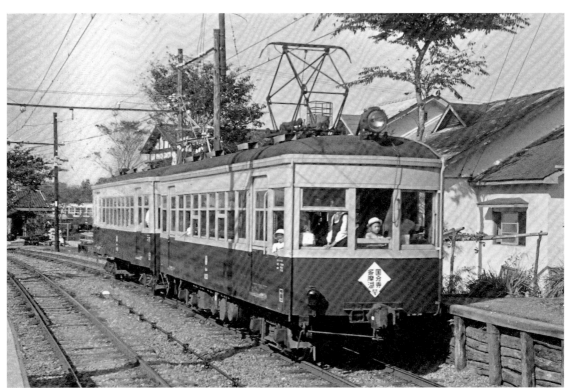

戦前製の旧型車両ばかりで運転していた多摩湖線へ昭和20年代に投入されたモハ101形。全長12mの小型車である。運転席横の窓から子どもが顔を出し、行楽地多摩湖へ向かう電車らしい、ほのぼのとした雰囲気を醸し出していた。
◎多摩湖線　萩山　1956（昭和31）年9月23日　◎撮影：荻原二郎

周囲に背の高いビル等、視界を遮る構造物がほとんどなく、広い空がゆったりとした雰囲気を奏でていた昭和30年代の西武新宿駅構内。西武園へ直通する501系が発車時刻を待っていた。構内東側に面した1番ホームは鉄骨の土台が見える簡素な造り。列車の横に行先表示板を入れる箱がある。◎新宿線　西武新宿　1956（昭和31）年11月3日　撮影：荻原二郎

電化開業後の是政駅。構内は現在、1面1線のホームと、保線車両等を留置する側線が1本という簡潔な線形だが、多摩川で砂利採取が行われていた頃には現在の多摩川ボートレース場付近にあった砂利採り場まで専用線が延びていた。画面右手の側線には砂利運搬用のホッパ車が留め置かれている。
◎多摩川線　是政　1955（昭和30）年
撮影：竹中泰彦

多摩湖線と上水線（現・拝島線）の電車が並ぶ荻山駅。新路線の開業や駅の統合に伴い、複雑な経緯を持つ当駅は1958（昭和
33）年に現在地へ移転した。その際、構内の配線は新宿線からの列車が当駅を経由し、多摩湖線へ直通できるように改良された。
◎多摩湖線、上水線（現・拝島線）　萩山　1961（昭和36）年8月　撮影：園田正雄

旧国鉄（現・JR東日本）の中央本線と多摩川線が接続する武蔵境駅。未だ動力近代化半ばの昭和30年代。貨車等を留置する側線では国鉄の蒸気機関車が煙を上げていた。近代型通勤電車の先駆けとなった101系が停まるホームの隣に設置された多摩川線のりばへ、厳めしいい姿の旧型電車が停車している。◎多摩川線　武蔵境　1962（昭和37）年12月　撮影：牛島 完（RGG）

複数の路線が継ぎ合わさった形状になっていた東京都西部の西武路線は、玉川上水〜拝島間の延伸開業により、小平〜拝島線を拝島線とした。開業当日には、リボンで飾った派手なヘッドマークを掲出した開業記念列車が運転された。
◎拝島線　1968（昭和43）年5月15日　撮影：園田正雄

池袋線の末端区間では高麗川の谷間を行く山間風景が続く。吾野で接続する西武秩父線の開業前から、ハイカー等の行楽客を見込んだ休日限定の急行等が運転されていた。大型のヘッドマークを掲出した501系が、池袋線唯一のトンネルである鎌倉坂隧道（223m）から飛び出して来た。
◎池袋線　吾野〜東吾野　1965年頃
撮影：園田正雄

1968（昭和43）年に玉川上水駅から路線が延長され、西武の電車が拝島駅に姿を現した。国鉄（現・JR東日本）の構内とは、既存の跨線橋を延長して行き来できるようにした。ホームののりば番号は国鉄線ホームからの通し番号が割り振られて6、7番となっている。◎拝島線　拝島　1969（昭和44）年　撮影：日暮昭彦

東伏見駅の上りホームから所沢方を望むと、緩い曲線を描く線路が見える。現在の長大編成とは隔世の感がある3両編成の旧型電車が、新宿行きの表示板を掲げてやって来た。311系は第二次世界大戦下の空襲等で被災した旧国鉄車両を再整備、車体等を一部新製して復旧させた電車だ。戦後復興の一翼を担った。
◎新宿線　西武柳沢〜東伏見　1970（昭和45）年　撮影：小川峯生

多摩湖湖畔に建設された西武園ゆうえんち。その鉄道玄関口は西武沿線の終点、西武園駅である。駅と遊園地は上屋が被さる通路で結ばれている。西武園線は新宿線、国分寺線が合流する東村山駅から分岐する一駅間のみ2.4kmの盲腸線だ。
◎西武園線　西武園　1974（昭和49）年　撮影：安田就視

国分寺駅を起点とする国分寺線と多摩湖線。両路線共、構内の北側にホームがあるものの、その配置は全く異なる。国分寺線は明治期に川越鉄道が。多摩湖線は多摩湖鉄道が昭和初期に開業した。川越鉄道は国鉄（現・JR）中央本線の一部区間を開業した甲武鉄道の子会社である。現在、国分寺線のホームが中央本線と並行しているのも頷ける。
◎国分寺線・多摩湖線　国分寺　1974（昭和49）年　撮影：安田就視

国鉄（現・JR）より譲渡された第二次世界大戦下で被災した17m級の旧型国電等を、本線運転に耐え得るように復旧した車両が311系。木造車の台枠を利用し、その上に新製した鋼製車体を載せたものもあった。車両不足が続いていた終戦直後の輸送力向上に貢献した系列だ。◎狭山線　狭山湖（現・西武球場前）　1965（昭和40）年8月　撮影：荒川好夫（RGG）

三社合併で新たに設立された西武鉄道が、戦後復興期の鉄道需要増大に対応すべく、輸送力の増強を目指して最初に新製した電車が501系だった。1954（昭和29）年に第一編成が復興社所沢車輌工場（後の西武所沢車両工場）で落成した。旧塗装車が正面に行先表示板を掲出して池袋線を駆ける。◎池袋線　所沢～秋津　1965（昭和40）年3月　撮影：荒川好夫（RGG）

昭和20年代から30年代の初めにかけて、国鉄（現・JR）、自社の木造車の一部を使った電車が製造された。西武で二代目となったクハ1411の車体は半鋼製。ウインドウシルヘッダーを備え、屋上には換気装置としてファンデリア2基を備えていた。
◎多摩湖線　多摩湖（現・西武遊園地）　1965（昭和40）年7月6日　撮影：荒川好夫（RGG）

旧西武鉄道が、現在の西武新宿線高田馬場〜東村山間に相当する村山線の開業に合わせて投入したモハ550形。1940（昭和15）年にモハ100形、クハ1100形と改番され、現在の西武鉄道発足後にモハ151形、クハ1151形と再改番された。1966（昭和41）年まで西武の各路線で使用された。
◎新宿線　鷺ノ宮
1954（昭和29）年10月
撮影：荻原二郎

新聞等、小手荷物輸送の専用車両として昭和30〜40年代に製造されたクモニ1形。これらのうち、クモニ2〜4の3両はかつて国鉄（現・JR）に在籍していた木造電車を改修、改造した車両だった。いずれも池袋線系統の荷物列車に充当された。正面に「荷物」と記載した列車名板を掲出していた。
◎池袋線　石神井公園
1968（昭和43）年2月28日
撮影：荻原二郎

第二次世界大戦が終結した直後から、他社に先駆けて車両の増備を推進した西武鉄道。鉄道の需要を支えた高度経済成長期が
終わりつつあった時期に至っても、昭和20年代から30年代の初めにかけて製造された、近代化過渡期の電車が健在だった。
◎池袋線　椎名町　1975（昭和50）年　撮影：長渡 朗

可愛い容姿の「おとぎ電車」を運転していた西武山口線に、鉄道開業100周年を記念して蒸気機関車が導入された。2形は井笠鉄道から借り入れた車両。同系機を頸城鉄道からも借り入れて1形とした。2両共ドイツのオーレンシュタイン・ウント・コッペル社製である。◎山口線　西武遊園地　1973（昭和48）年7月25日　撮影：長渡 朗

新宿駅前と荻窪駅前を結んでいた西武軌道線。旧西武鉄道の前身である武蔵水電が大正期に淀橋〜荻窪駅前間を開業した。昭和期に入って路線の運営先が二転三転した末、1951（昭和26）年に東京市（現・東京都）が買収して高円寺・荻窪線（杉並線）となった。◎荻窪　1938（昭和13）年　撮影：裏辻三郎

大宮・川越久保町間（電車）（連帯線）

三等車ノミ

大正十三年七月十日改正　　　（西武鐵道大宮線）

△印ハ連帯驛

| 驛　名 | 大宮、内野、合土、黒須、△川越久保町　　（全區間 8.0 哩　運賃 32 錢） |
| 運轉時刻 | 全區間約 45 分ヲ要シ |

{ 大　宮　發 6.30 ヨリ 10.00 マデ
{ 川越久保町發 5.30 ヨリ 8.00 マデ　30 分間毎ニ運轉

1924（大正13）年の西武大宮線の時刻表。30分間隔で運転されていた。

新宿驛前・荻窪間（電車）非

十六年一月
一　日改正

東京地下鐵道
西武新宿線

區間停留所名　新宿驛前、追分、妙法寺口、阿佐ケ谷、荻窪

全區間 7.5 粁、運賃
1區 5 錢、全線 3 區

運轉時間
新宿驛前一荻
29分ヲ要シ窪

{ 新宿驛前發　　荻窪行 5 57 ヨリ 9 21 マデ　15分
{ 荻窪發　　新宿驛前行 6 00 ヨリ 9 52 マデ　毎ニ
{ 新宿驛前發　馬橘行 5 57 ヨリ 0 30 マデ　3分乃至
{ 馬橘發　新宿驛前行 5 58 ヨリ 0 08 マデ　9分毎ニ

運轉

（追分・荻窪北口間 5 50 ヨリ 0 06 マデ 4 分毎ニ乗合自動車運轉）

1941（昭和16）年の時刻表であり、右上に西武新宿線と記されているが、現在の本川越まで運転される新宿線のことではない。

埼玉県入間郡川越町（現・川越市）の川越久保町と北足立郡大宮町（現・さいたま市大宮区）の大宮を結んでいた西武大宮線。
川越電気鉄道が開業し、後に旧西武鉄道が運営した。埼玉県初の電気鉄道で軌道線用の二軸単車が活躍した。同様の区間に国
鉄（現・JR東日本）川越線が開業し1941（昭和16）年に廃止。その後，バスに転換された。
◎大宮線　川越久保町　1936（昭和11）年　撮影：裏辻三郎

西武大宮線のデハ1は1928（昭和3）年に新製した半鋼製の二軸単車である。当路線の久保町車庫は1927（昭和2）年8月の
火災で、所属する全ての車両を焼失した。復旧に当たっては新製車2両の他、新宿軌道線から電車を転属させたり、他社から車
両を譲り受けた。◎大宮線　大宮　1933（昭和8）年6月10日　撮影：荻原二郎

入間川から採取される砂利を運搬する目的で建設された安比奈線。旧西武鉄道が大正末期に開業した。第二次世界大戦後、千葉県の鉄道連隊に所属していた蒸気機関車が列車を牽引した。安比奈線は1949（昭和24）年に電化されたが、昭和30年代に法令で川砂利の採取が禁止されると用途を失い営業を休止した。◎安比奈線　安比奈　1963（昭和38）年　撮影：園田正雄

第二次世界大戦が終結した翌年の1946（昭和21）年に開場した西武所沢車両工場。1969（昭和44）年に5000系を外注するまで、自社車両の全てを製造してきた。昭和末期以降は車両の製造を段階的に縮小。検修業務等も武蔵丘車両検修場へ引き継いで2000（平成12）年に閉鎖された。◎西武所沢車両工場　1975（昭和50）年　提供：西武鉄道

JR武蔵野線の新秋津駅構内から西武池袋線の所沢方面に向かって単線の線路が延びている。この区間は武蔵野線の開業時に、旧国鉄と西武鉄道の間で貨物の授受を行う為に敷設された連絡線だ。西武鉄道が貨物営業を止めた後も、新製車両の搬入等で活用されている。写真奥が西武池袋線方向。◎秋津連絡線　2015（平成27）年

3章
西武鉄道全駅の
懐かしい駅舎

西武百貨店本店（池袋店）の1階に設けられた西武線の池袋駅入口。1955年頃からホーム増設工事が行われ、1963年には私鉄初
の10両編成の電車も運転を開始した。西武鉄道全駅のなかで最も乗降人員が多い駅であり、当時から駅前は活況を呈していた。
◎1965（昭和40）年　提供：西武鉄道

池袋線

池袋駅のホームに停車している豊島園行き、清瀬駅行きの普通列車。多くの乗降客がいるホーム風景で、右側のホームには西武園の大きな看板が見える。右手にそびえるのは西武百貨店池袋店で、「七階大食堂」の文字看板がある。この頃の百貨店は、屋上に子供向けの遊園地、最上階にはファミリー向けの大食堂を備えており、上からのシャワー効果で売り上げを伸ばそうとしていた。西武池袋店は1949（昭和24）年にオープンし、この頃も増築を重ねていた。◎1954年5月　撮影：毎日新聞社

国鉄（現・JR）線を挟んで、東西に私鉄のターミナル駅が出現しつつあった池袋駅の空撮写真である。東口に西武、西口に東武の駅があったが、この頃は対照的な風景を見せていた。東口側では、西武池袋駅の北東に巨大な西武百貨店池袋店が誕生しており、駅前を中心に近代的なビルも数多く誕生していた。一方、西口側は戦災の被害からの復興が遅れており、バラックの建物が多かったが、この年（1957年）5月に東武百貨店池袋店が開店して、街の発展に歩み出した。◎1957年11月20日　撮影：朝日新聞社

終戦から10年が経過した1955（昭和30）年10月の池袋駅東口、西武池袋駅前の風景である。奥に見えるのは明治通りを走る都営トロリーバスで、都営のトロリーバスは1955年6月に千駄ヶ谷四丁目、同年12月に渋谷駅まで開通した。戦後、都電に代わる形で路線を開いたトロリーバスだが、既に都内中心部はモータリゼーションが進んでおり、タクシー、自家用車に押される形で、1967（昭和43）年9月にすべての路線が廃止された。
◎1955年　10月30日
撮影：朝日新聞社

池袋 いけぶくろ
【所在地】東京都豊島区南池袋1-28-1
【開業】1915（大正4）年4月15日
【キロ程】0.0km（池袋起点）
【ホーム】4面4線
【乗降人員】484,665（2019年度）

現在の池袋駅東口は、「西武口」とも呼ばれ、鉄道駅のほかに西武百貨店などが存在している。1915（大正4）年4月に武蔵野鉄道（現・西武池袋線）が開通し、戦後に巨大な駅に発展した。現在は頭端式ホーム4面4線を有する地上駅で、ターミナル・デパート（西武百貨店）の1階部分を占めている。◎1958（昭和33）年3月　撮影：園田正雄

西武鉄道の本社は所沢駅の東側、所沢市くすのき台1丁目に置かれているが、かつては池袋駅の南側、通称「びっくりガード」の際に置かれていた。現在も西武鉄道の本店の所在地は豊島区南池袋1丁目である。戦前の武蔵野鉄道（現・西武池袋線）時代の本社は、飯能駅の北口付近に置かれていた。◎1958（昭和33）年3月　撮影：園田正雄

椎名町　しいなまち

【所在地】東京都豊島区長崎1-1-22
【開業】1924(大正13)年6月11日
【キロ程】1.9km(池袋起点)
【ホーム】2面2線
【乗降人員】20,649(2019年度)

1924(大正13)年6月、中村橋、清瀬駅などとともに開業した椎名町駅。1986(昭和61)年5月に駅舎が改築され、2011(平成23)年10月に南北自由通路をもつ橋上駅舎が誕生した。戦前には池袋駅との間に上り屋敷駅が存在したが、1945(昭和20)年2月に休止、後に廃止された。
◎1965(昭和40)年10月10日
撮影：荻原二郎

東長崎　ひがしながさき

【所在地】東京都豊島区長崎5-1-1
【開業】1915(大正4)年4月15日
【キロ程】3.1km(池袋起点)
【ホーム】2面4線
【乗降人員】27,613(2019年度)

1915(大正4)年4月、武蔵野鉄道(現・西武池袋線)の開通時に誕生した東長崎駅。当時の東側の隣駅は池袋駅だった。駅の所在地は豊島区長崎5丁目で、南側の目白通りの地下には都営地下鉄大江戸線の落合南長崎駅が存在する。現在の駅の構造は、島式ホーム2面4線の地上駅で、橋上駅舎を有している。
◎1965年頃　提供：西武鉄道

江古田　えこだ

【所在地】東京都練馬区旭丘1-78-7
【開業】1922(大正11)年11月1日
【キロ程】4.3km(池袋起点)
【ホーム】2面2線
【乗降人員】35,267(2019年度)

周辺には武蔵大学、武蔵野音楽大学、日本大学芸術学部といった個性ある大学の江古田キャンパスがあるため、乗り降りする学生の多い駅となっている。もともと1922(大正11)年11月に(旧)武蔵高等学校用仮停留所として開業し、1923(大正12)年に正式な江古田駅となった。
◎1965年頃　提供：西武鉄道

桜台 さくらだい
【所在地】東京都練馬区桜台1-5-1
【開業】1936 (昭和11) 年7月10日
【キロ程】5.2km (池袋起点)
【ホーム】1面2線
【乗降人員】14,889 (2019年度)

練馬区内を走る池袋線には、駅名に「台」を含む駅名が多いが、この桜台駅もそのひとつで、1936 (昭和11) 年7月に開業した。西武有楽町線には新桜台駅も存在する。現在は練馬区に桜台1〜6丁目があり、付近に石神井川、千川上水など桜の名所があることから「桜台」の駅名、地名が誕生した。
◎1965年頃　提供：西武鉄道

練馬 ねりま
【所在地】東京都練馬区練馬1-3-5
【開業】1915 (大正4) 年4月15日
【キロ程】6.0km (池袋起点)
【ホーム】2面4線 (通過線2線あり)
【乗降人員】133,700 (2019年度)

現在は池袋線とともに豊島線、西武有楽町線が乗り入れ、都営地下鉄大江戸線とも連絡している練馬駅。池袋駅を出て最初に快速、準急が停車する駅であり、文字通り、練馬区の南側の玄関口の役割を果たしている。ここから延びる豊島線の終着駅は豊島園駅で、遊園地「としまえん」が人気を集めていた。
◎1964 (昭和39) 年1月5日　撮影：荻原二郎

中村橋　なかむらばし
【所在地】東京都練馬区中村北4-2-1
【開業】1924（大正13）年6月11日
【キロ程】7.5km（池袋起点）
【ホーム】1面2線（通過線2線あり）
【乗降人員】41,021（2019年度）

美術ファンには、練馬区立美術館の最寄り駅として知られている中村橋駅。駅の開業は武蔵野鉄道の開通から9年たった1924（大正13）年6月である。駅の所在地は練馬区中村北4丁目で、かつては北豊島郡に中新井村が存在した。現在の中村橋駅は、島式ホーム1面2線を有する高架駅となっている。
◎1965年頃　提供：西武鉄道

富士見台　ふじみだい
【所在地】東京都練馬区貫井3-7-4
【開業】1925（大正14）年3月15日
　　　　（貫井⇒富士見台）
【キロ程】8.3km（池袋起点）
【ホーム】1面2線（通過線2線あり）
【乗降人員】27,936（2019年度）

1925（大正14）年3月に貫井駅として開業した、池袋線の富士見台駅。所在地は練馬区貫井3丁目だが、駅の西側には富士見台1〜4丁目の地名（住居表示）が広がっている。1933（昭和8）年3月に富士見台駅に改称、現在は島式ホーム1面2線の高架駅となっている。
◎1960年頃　提供：西武鉄道

練馬高野台　ねりまたかのだい
【所在地】東京都練馬区高野台1-7-27
【開業】1994（平成6）年12月7日
【キロ程】9.5km（池袋起点）
【ホーム】1面2線（通過線2線あり）
【乗降人員】27,327（2019年度）

1994（平成6）年12月、池袋線の高架化に伴って開業した、西武線の中で最も新しい駅である。1965（昭和40）年に練馬区の新しい住居表示により、高野台1〜5丁目が誕生。「高野台」の地名は高野台3丁目にある真言宗豊山派の寺院、長命寺の山号である「東高野山」による。
◎1994（平成6）年12月
提供：西武鉄道

石神井公園　しゃくじいこうえん
【所在地】東京都練馬区石神井町3-23-10
【開業】1915（大正4）年4月15日
　　　　（石神井⇒石神井公園）
【キロ程】10.6km（池袋起点）
【ホーム】2面4線
【乗降人員】82,902（2019年度）

石神井池と三宝寺池がある、都立石神井公園の最寄り駅である池袋線の石神井公園駅。1915（大正4）年4月の開業時は「石神井」の駅名を名乗り、1933（昭和8）年3月に現在の駅名に改称した。周辺は住宅地として発展し、特急、通勤準急以外の全列車が停車する池袋線の主要駅である。◎1964（昭和39）年1月5日　撮影：荻原二郎

東映アニメーションの大泉スタジオ、ミュージアムがあり、「銀河鉄道999」の発車メロディーが流れる大泉学園駅。周辺は箱根土地による学園都市として開発され、1924（大正13）年11月に武蔵野鉄道の東大泉駅として開業した。1933（昭和8）年3月に現在の駅名「大泉学園」になった。◎1962（昭和37）年2月25日　撮影：荻原二郎

大泉学園　おおいずみがくえん
【所在地】東京都練馬区東大泉1-29-7
【開業】1924（大正13）年11月1日
　　　　（東大泉⇒大泉学園）
【キロ程】12.5km（池袋起点）
【ホーム】1面2線
【乗降人員】87,359（2019年度）

保谷　ほうや
【所在地】東京都西東京市3-14-30
【開業】1915（大正4）年4月15日
【キロ程】14.1km（池袋起点）
【ホーム】2面3線
【乗降人員】63,372（2019年度）

西東京市と練馬区の境界に置かれている保谷駅。西東京市は、2001（平成13）年に保谷市と田無市が合併して成立している。この保谷駅は1915（大正4）年4月、保谷村時代に開業。1964（昭和39）年8月に橋上駅舎に変わり、現在は南北自由通路をもつ規模の大きな橋上駅舎になっている。◎1965年頃　提供：西武鉄道

ひばりヶ丘　ひばりがおか
【所在地】東京都西東京市住吉町3-9-19
【開業】1924（大正3）年6月11日
　　　　（田無町⇒ひばりヶ丘）
【キロ程】16.4km（池袋起点）
【ホーム】2面4線
【乗降人員】74,392（2019年度）

戦後、ひばりが丘団地の造成により、最寄り駅のひばりヶ丘駅周辺も大きな発展を遂げた。もともと、1924（大正13）年6月、武蔵野鉄道（現・池袋線）の田無町駅として開業し、1959（昭和34）年5月にひばりヶ丘に駅名を改称した。駅の所在地は西東京市住吉町3丁目である。◎1965年頃　提供：西武鉄道

東久留米　ひがしくるめ
【所在地】東京都東久留米市本町1-8
【開業】1915（大正4）年4月15日
【キロ程】17.8km（池袋起点）
【ホーム】2面2線
【乗降人員】54,968（2019年度）

人口約11万6000人の東久留米駅の玄関口となっている。東久留米市は、もともとは北多摩郡の久留米村で、久留米町をへて、1970（昭和45）年10月に東久留米市となった。駅の開業は1915（大正4）年4月で、現在の駅の構造は相対式ホーム2面2線をもつ地上駅で、橋上駅舎を有している。
◎1965（昭和40）年10月10日
撮影：荻原二郎

清瀬　きよせ
【所在地】東京都清瀬市元町1-2-4
【開業】1924（大正13）年6月11日
【キロ程】19.6km（池袋起点）
【ホーム】2面4線
【乗降人員】69,578（2019年度）

埼玉県所沢市、新座市と隣接する清瀬市は、戦前から療養所、病院、医療関係の施設があったことでも知られている。清瀬村時代からの玄関口であった清瀬駅は、1924（大正13）年6月、武蔵野鉄道の駅として開業。現在の駅の構造は、島式ホーム2面4線の地上駅で、橋上駅舎を有している。
◎1965年頃　提供：西武鉄道

秋津　あきつ
【所在地】東京都東村山市秋津町5-7-8
【開業】1917（大正6）年12月12日
【キロ程】21.8km（池袋起点）
【ホーム】2面2線
【乗降人員】81,168（2019年度）

この秋津駅の西側では西武池袋線がJR武蔵野線と交差し、南側に新秋津駅が置かれている。駅の開業は、秋津駅が1917（大正6）年12月で、新秋津駅は1973（昭和48）年4月である。これは改築前の瓦屋根の木造駅舎（南口）であり、その後、1990（平成2）年12月に北口が開設された。
◎1965（昭和40）年10月10日
撮影：荻原二郎

所沢　ところざわ
【所在地】埼玉県所沢市くすのき台1-14-5
【開業】1895（明治28）年3月21日
【キロ程】24.8km（池袋起点）
　　　　 28.9km（西武新宿起点）
【ホーム】3面5線
【乗降人員】102,368（2019年度）

現在はさいたま、川口、川越、越谷市に次ぐ、埼玉県第5の人口約34万人を誇る所沢市の玄関口。1895（明治28）年3月に川越鉄道（現・新宿線）が開業した駅がスタートで、1915（大正4）年4月には武蔵野鉄道（現・西武池袋線）との連絡駅となった。これは木造の旧駅舎の姿である。◎1965（昭和40）年10月10日　撮影：荻原二郎

西所沢　にしところざわ
【所在地】埼玉県所沢市西所沢1-11-9
【開業】1915（大正4）年4月15日
　　　　（小手指⇒西所沢）
【キロ程】27.2km（池袋起点）
【ホーム】3面4線
【乗降人員】25,720（2019年度）

1915（大正4）年4月に開業した小手指駅（初代）は、同年9月に西所沢駅に改称して以来、既に1世紀以上がたつ。当初は武蔵野鉄道（現・西武池袋線）の駅であり、1929（昭和4）年5月に山口線が開業して、分岐点の駅となった。1988（昭和63）年4月に駅舎が改築されている。◎1965年頃　提供：西武鉄道

小手指　こてさし
【所在地】埼玉県所沢市小手指町1-8-1
【開業】1970（昭和45）年11月20日
【キロ程】29.4km（池袋起点）
【ホーム】2面4線
【乗降人員】48,781（2019年度）

池袋線の主要駅のひとつである小手指駅だが、初代の小手指駅は1915（大正4）年4月に開業した現在の西所沢駅である。1970（昭和45）年11月、小手指ヶ原信号所が駅に昇格して、二代目の小手指駅となっている。これは「小手指駅開業」の立て看板が見える、開業当時の風景である。
◎1970（昭和45）年11月
提供：西武鉄道

狭山ヶ丘　さやまがおか
【所在地】埼玉県所沢市狭山ヶ丘1-2980
【開業】1915（大正4）年4月15日
　　　（元狭山⇒三ヶ島村⇒狭山ヶ丘）
【キロ程】31.6km（池袋起点）
【ホーム】1面2線
【乗降人員】25,107（2019年度）

1915（大正4）年4月に開業した現在の狭山ヶ丘駅。この当時は木造駅舎の前にユネスコ村の立て看板やスタンドの売店がある、鄙びた駅前風景があった。1970（昭和45）年6月には橋上駅舎に改築され、1993（平成5）年4月に東口が開設されるなど、現在の駅前風景はモダンなものに変わっている。
◎1965年頃　提供：西武鉄道

武蔵藤沢　むさしふじさわ
【所在地】埼玉県入間市下藤沢494-4
【開業】1926（大正15）年4月1日
【キロ程】32.9km（池袋起点）
【ホーム】2面2線
【乗降人員】24,182（2019年度）

1926（大正15）年4月、武蔵野鉄道時代に開業した武蔵藤沢駅。「藤沢」の駅名は、東海道の宿場から発展した東海道線（神奈川県）で使用されていたため、「武蔵」を冠する駅名になった。駅の所在地は入間市下藤沢で、入間市の前身の武蔵町は1956（昭和31）年に豊岡町、藤沢村などが合併して成立している。
◎1965（昭和40）年10月10日
撮影：荻原二郎

稲荷山公園　いなりやまこうえん

【所在地】埼玉県狭山市稲荷山1-1
【開業】1933（昭和8）年4月1日
【キロ程】35.9km（池袋起点）
【ホーム】2面2線
【乗降人員】10,053（2019年度）

県営狭山稲荷山公園と航空自衛隊入間基地に挟まれた場所に置かれている池袋線の稲荷山公園駅。駅名の由来となった稲荷山公園には、稲荷山公園古墳群や狭山市立博物館が存在する。駅の開業は1933（昭和8）年4月で、当初の構造は単式1面1線であり、1968（昭和43）年11月に相対式2面2線のホームとなった。
◎1965年頃　提供：西武鉄道

入間市　いるまし

【所在地】埼玉県入間市河原町2-1
【開業】1915（大正4）年4月15日
　　　　（豊岡町⇒入間市）
【キロ程】36.8km（池袋起点）
【ホーム】3面4線
【乗降人員】33,713（2019年度）

現在の入間市駅が、豊岡町と名乗っていた頃の駅前の風景。1915（大正4）年4月に開業し、1967（昭和42）年4月に入間市駅に改称した。この前年、武蔵町は入間町と改称し、市制を施行して入間市に変わっている。現在の駅の構造は、相対式ホーム3面4線の地上駅で、橋上駅舎を有している。
◎1965（昭和40）年10月10日
撮影：荻原二郎

仏子　ぶし

【所在地】東京都入間市仏子800
【開業】1915（大正4）年4月15日
【キロ程】39.7km（池袋起点）
【ホーム】2面2線
【乗降人員】10,879（2019年度）

入間市の地名「仏子（ぶし）」の由来には、「フジ」という地形による説、仏師が住んでいた説、住んでいた「武士」から変化した説などが存在する。1915（大正4）年4月、武蔵野鉄道の駅として開業。仏子駅のこの木造駅舎は1984（昭和59）年に改築されて、現在の駅舎と変わった。
◎1966（昭和41）年9月15日
撮影：荻原二郎

元加治　もとかじ
【所在地】埼玉県入間市野田167
【開業】1926（大正15）年4月3日
【キロ程】41.0km（池袋起点）
【ホーム】1面2線
【乗降人員】7,035（2019年度）

1918（大正7）年11月に加治荷扱所として誕生し、岩沢荷扱所をへて、1926（大正15）年4月に元加治駅として開業している。駅の所在地は入間市野田だが、すぐ西側は飯能市岩沢となっている。これは1990（平成2）年に現在の駅舎に変わる前の木造駅舎時代の姿である。◎1966（昭和41）年9月15日　撮影：荻原二郎

西武池袋線の途中駅であるが、この飯能駅からは元加治方面、東飯能方面へスイッチバック方式で線路が配置されていることで知られる。駅の開業は、1915（大正4）年4月である。現在の駅の構造は単式ホーム1面1線、島式ホーム2面3線を有する地上駅で、橋上駅舎を有している。◎1965（昭和40）年10月10日　撮影：荻原二郎

飯能　はんのう
【所在地】埼玉県飯能市仲町11-21
【開業】1915（大正4）年4月15日
【キロ程】43.7km（池袋起点）
【ホーム】3面4線
【乗降人員】32,929（2019年度）

東飯能　ひがしはんのう

【所在地】埼玉県飯能市東町1-5
【開業】1931（昭和6）年12月10日
【キロ程】44.5km（池袋起点）
【ホーム】1面1線
【乗降人員】5,651（2019年度）

西武池袋線の東飯能駅は、東側を走るJR八高線の同名駅と連絡している。駅の開業は1931（昭和6）年12月で、当時の八高南線、武蔵野鉄道（現・池袋線）の駅が同時に誕生した。1999（平成11）年に橋上駅舎の使用が開始され、翌年に両駅を結ぶ東西自由通路が開通した。
◎1965年頃　提供：西武鉄道

高麗　こま

【所在地】埼玉県日高市武蔵台1-1-1
【開業】1929（昭和4）年9月10日
【キロ程】48.5km（池袋起点）
【ホーム】1面2線
【乗降人員】2,597（2019年度）

かつて武蔵国（埼玉県）には高麗郡が存在し、現在の日高市、鶴ヶ島市の全域や川越市、狭山市などの一部がこの高麗郡に含まれていた。池袋線の高麗駅の開業は、1929（昭和4）年9月で、駅の所在地は日高市武蔵台1丁目である。駅の北側には、高麗川が湾曲しながら流れている。
◎1965（昭和40）年10月10日
撮影：荻原二郎

武蔵横手　むさしよこて

【所在地】埼玉県日高市横手字山下750
【開業】1929（昭和4）年9月10日
【キロ程】51.3km（池袋起点）
【ホーム】1面2線
【乗降人員】295（2019年度）

埼玉県日高市にある武蔵横手駅は、長野県と埼玉県を結ぶ国道299号に面して開かれており、南西に高麗川が流れている。駅の開業は1929（昭和4）年9月。1954（昭和29）年にいったん廃止となり、信号場として再開設された後、1970（昭和45）年2月に駅として再開した。
◎1970（昭和45）年
提供：西武鉄道

東吾野 ひがしあがの

【所在地】埼玉県飯能市平戸220
【開業】1929（昭和4）年9月10日
　　　（虎秀⇒東吾野）
【キロ程】53.8km（池袋起点）
【ホーム】1面2線
【乗降人員】456（2019年度）

この東吾野駅は1929（昭和4）年9月、虎秀駅として開業し、1933（昭和8）年3月に駅名を改称している。駅の所在地は飯能市平戸だが、高麗川の上流には「虎秀（こしゅう）」の大字がある。古来、このあたりには虎秀村が存在し、井上村との境界を成す虎秀山が今も駅近くにそびえている。◎1965年頃　提供：西武鉄道

群馬・長野方面へ向かう国道299号に沿うように北西に延びる、西武池袋線・秩父線に置かれている吾野駅。1929（昭和4）年9月、武蔵野鉄道（現・池袋線）の駅として開業し、長く終着駅だったが、1969（昭和44）年10月に西武秩父線が開業したことで、中間駅になった。◎1965（昭和40）年10月10日　撮影：荻原二郎

吾野 あがの

【所在地】埼玉県飯能市坂石町分326-1
【開業】1929（昭和4）年9月10日
【キロ程】57.8km（池袋起点）
【ホーム】1面2線
【乗降人員】617（2019年度）

西武秩父線

「歓迎高山不動尊」の横断幕が見える秩父線の西吾野駅。高山不動は、飯能市高山にある真言宗智山派の寺院、常楽院の通称で、成田不動、高幡不動と並んで、関東三大不動のひとつである。西吾野駅の開業は1969（昭和44）年10月、現在の駅の構造は島式ホーム1面2線をもつ地上駅である。
◎1970（昭和45）年
提供：西武鉄道

西吾野 にしあがの
【所在地】埼玉県飯能市吾野下ノ平579
【開業】1969（昭和44）年10月14日
【キロ程】3.6km（吾野起点）
【ホーム】1面2線
【乗降人員】343（2019年度）

正丸 しょうまる
【所在地】埼玉県飯能市坂元1658
【開業】1969（昭和44）年10月14日
【キロ程】6.3km（吾野起点）
【ホーム】1面2線
【乗降人員】194（2019年度）

1969（昭和44）年10月に開業した秩父線の正丸駅。傾斜した大きな屋根をもつ駅舎の外観は、現在も変わっていない。この駅の北側は、私鉄の中でも屈指の長さである全長4811メートルの正丸トンネルになっており、トンネルの中には正丸トンネル信号場が存在している。
◎1972（昭和47）年
提供：西武鉄道

芦ヶ久保 あしがくぼ
【所在地】埼玉県秩父郡横瀬町
　　　　　芦ヶ久保1925
【開業】1969（昭和44）年10月14日
【キロ程】12.4km（吾野起点）
【ホーム】1面2線
【乗降人員】340（2019年度）

かつては「あしがくぼスケートリンク」の玄関口となっていた、秩父線の芦ヶ久保駅。1969（昭和44）年10月に開業した比較的新しい駅である。「芦ヶ久保」という地名、駅名は正丸峠の下の窪地に芦が多く茂っていたことによる。駅の構造は島式ホーム1面2線をもつ地上駅である。
◎1970（昭和45）年
提供：西武鉄道

横瀬　よこぜ
【所在地】埼玉県秩父郡横瀬町横瀬4067
【開業】1969（昭和44）年10月14日
【キロ程】16.4km（吾野起点）
【ホーム】1面2線
【乗降人員】1,712（2019年度）

横瀬車両基地に隣接して存在する横瀬駅は、秩父線が開通した1969（昭和44）年10月に開業している。このシンプルな建築の駅舎は、1992（平成4）年1月に改築されて、山小屋風の外観に変わった。駅舎の左側には、「埼玉県県民の森」などがある横瀬町の観光案内所を併設している。◎1970（昭和45）年　提供：西武鉄道

1969（昭和44）年10月に西武秩父線が開通して誕生した西武秩父駅。この駅の開業時、秩父鉄道には既に秩父駅が存在していた。大きな屋根をもつ駅舎は現在も健在で、2000（平成12）年に「関東の駅百選」に選出されている。駅の構造は単式、島式を組み合わせた2面3線のホームをもつ地上駅である。◎1965（昭和40）年10月19日　撮影：荻原二郎

西武秩父　せいぶちちぶ
【所在地】埼玉県秩父市野坂町1-16-15
【開業】1969（昭和44）年10月14日
【キロ程】19.0km（吾野起点）
【ホーム】2面3線
【乗降人員】7,146（2019年度）

西武有楽町線、豊島線

新桜台　しんさくらだい
【所在地】東京都練馬区桜台1-28-11
【開業】1983（昭和58）年10月1日
【キロ程】1.4km（練馬起点）
【ホーム】2面2線
【乗降人員】9,923（2019年度）

1983（昭和58）年10月、西武有楽町線の小竹向原〜新桜台間が開業した際に終着駅として開業した地下駅である。所在地は練馬区桜台1丁目で、南西に池袋線の桜台駅があることから、「新桜台」の駅名が採用された。駅東側には、武蔵野音楽大学の江古田キャンパスが存在する。
◎提供：西武鉄道

小竹向原　こたけむかいはら
【所在地】東京都練馬区小竹町2-16-15
【開業】1983（昭和58）年10月1日
【キロ程】2.6km（練馬起点）
【ホーム】2面4線
【乗降人員】147,820（2019年度）＜豊島線＞

西武有楽町線と東京メトロ有楽町線の共用駅となっている小竹向原駅。駅の開業は東京メトロ（旧・営団地下鉄）が1983（昭和58）年6月、西武有楽町線は同年10月である。駅の所在地は練馬区小竹町で、東側が板橋区向原であることから、駅名は2つの地名を合わせた「小竹向原」となった。
◎2015（平成27）年

豊島園　としまえん
【所在地】東京都練馬区練馬4-16-5
【開業】1927（昭和2）年10月15日
　　　　（豊島⇒豊島園）
【キロ程】1.0km（練馬起点）
【ホーム】1面2線
【乗降人員】14,261（2019年度）

永く都民に親しまれてきた遊園地、としまえんの玄関口として1927（昭和2）年10月に開業した豊島園駅。当初の駅名は「豊島」で、武蔵野鉄道（現・西武鉄道）豊島線の終着駅だった。1991（平成3）年12月に都営地下鉄12号（現・大江戸）線の駅が開業して、連絡駅となった。
◎1965年頃　提供：西武鉄道

狭山線

下山口 しもやまぐち
【所在地】埼玉県所沢市山口1254-3
【開業】1929（昭和4）年5月1日
【キロ程】1.8km（西所沢起点）
【ホーム】1面2線
【乗降人員】8,012（2019年度）

1929（昭和4）年5月、武蔵野鉄道山口線の駅として開業し、太平洋戦争中は休止となり、1951（昭和26）年に狭山線となった後も再開されず、1954（昭和29）年に廃止された。1976（昭和51）年6月に営業が再開され、1981（昭和56）年に島式ホーム1面2線の構造になった。◎1976（昭和51）年6月　提供：西武鉄道

狭山湖 さやまこ（現・西武球場前）

移転する前の狭山湖の駅舎は寺社風の造りであった。駅名が改称された、現在の西武球場前駅は西所沢寄りに300メートル移動している。◎1972（昭和47）年9月23日　撮影：荻原二郎

西武球場前 せいぶきゅうじょうまえ
【所在地】埼玉県所沢市上山口2090-3
【開業】1929（昭和4）年5月1日
　（村山公園⇒村山貯水池際⇒村山
　⇒狭山湖⇒西武球場前）
【キロ程】4.2km（西所沢起点）
【ホーム】3面6線（除く山口線）
【乗降人員】13,830（2019年度）

これまで4度の改名をへた後、現在は西武球場前駅として、ライオンズファンにはおなじみの駅となっている。1929（昭和4）年5月の開業時は「村山公園」で、戦前には「村山貯水池際」「村山」を名乗り、戦後の再開後は「狭山湖」をへて、1979（昭和54）年3月に現在の駅名に変わった。◎1987（昭和62）年5月29日　撮影：荻原二郎

山口線

ユネスコ村行きのおとぎ列車のイラストが描かれた看板が見える、遊園地前駅の駅前風景である。この駅は1950（昭和25）年8月、おとぎ線の多摩湖ホテル前駅として開業。西武遊園地駅と改称した後、1979（昭和54）年3月に遊園地前駅となり、1984（昭和59）年に休止、翌（1985）年に廃止された。◎1982（昭和57）年11月23日　撮影：荻原二郎

1985（昭和60）4月に山口線の新交通システム転換に伴い開業した遊園地西駅。以前はこの駅の西側に、おとぎ線（電車）時代の遊園地前駅が存在した。2021（令和3）年には西武園ゆうえんちのリニューアルに合わせて、西武園ゆうえんち駅に改称される予定である。◎2015（平成27）年

遊園地西　ゆうえんちにし
【所在地】埼玉県所沢市山口2939
【開業】1985（昭和60）年4月25日
【キロ程】0.3km（西武遊園地起点）
【ホーム】1面1線
【乗降人員】682（2019年度）

プロ野球、西武ライオンズの本拠地、西武ドーム（メットライフドーム）の前身である西武ライオンズ球場は、1963（昭和38）年から存在した西武園球場を改築する形で1979（昭和54）年に開場することになる。これは建築（改造）工事中の風景で、多摩湖の上空から撮影した空撮写真である。奥に見えるのはユネスコ村、狭山湖で、北東側から走ってきた西武狭山線に置かれた終着駅は、これまでは狭山湖駅だったが、この年の３月に「西武球場前」に駅名を改称することになった。◎1979年２月16日　撮影：朝日新聞社

1950（昭和25）年8月、遊園地「東村山文化園」（現・西武園ゆうえんち）の遊戯施設として開通した、おとぎ線の「おとぎ列車」。当初は、多摩湖ホテル前（後に西武遊園地、遊園地前、廃止）駅と上堰堤駅を結んでいた。その後、ユネスコ村駅まで延伸し、1952（昭和27）年7月に地方鉄道に転換して山口線となった。これは開通前（7月26日）の試乗列車の風景で、蓄電池機関車がトロッコ客車3両を牽引していた。◎1950年7月26日　撮影：朝日新聞社

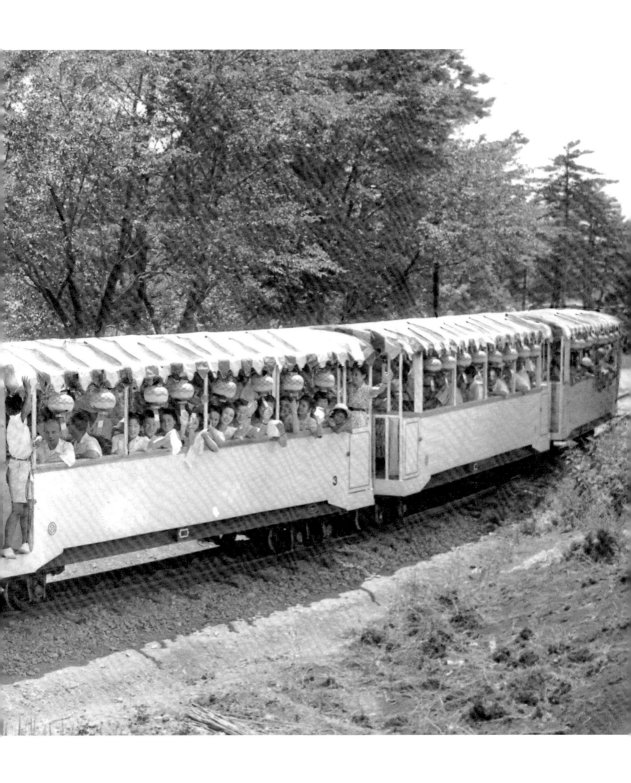

新宿線

川越鉄道川越線をルーツとする現在の西武新宿線は、1927（昭和2）年4月に村山線として高田馬場（仮駅）〜東村山間が開通。翌年4月に高田馬場（本駅）まで延伸し、長く高田馬場駅が東京側のターミナル駅となってきた。その後、1952（昭和27）年3月、新宿駅まで約2キロの延伸を果たして、この西武新宿駅が開業している。しかし、この駅は国鉄（現・JR）新宿駅とはやや距離があり、私鉄他社線（小田急、京王）との乗り換えには不便だった。
◎1952年3月25日
撮影：朝日新聞社

戦前に高田馬場駅まで開通していた現在の西武新宿線は、1952（昭和27）年3月25日に西武新宿駅まで暫定開業した。これは開業当日、西武新宿駅のホームで女性たちが駅長、運転士に花束を渡す風景である。ホームに停車している列車には、「3月25日 新宿延長線開通記念」の横断幕が見える。その後、国鉄（現・JR）新宿駅への乗り入れを目指していたが実現しないまま、1977（昭和52）年3月に現在の駅ビル内の高架駅が誕生した。
◎1952年3月25日　撮影：朝日新聞社

西武新宿　せいぶしんじゅく

【所在地】東京都新宿区歌舞伎町1-30-1
【開業】1952（昭和27）年3月25日
【キロ程】0.0km（西武新宿起点）
【ホーム】2面3線
【乗降人員】183,666（2019年度）

都心のターミナル駅として、1952（昭和27）年3月に開業した西武新宿駅は、しばらくの間は仮駅での暫定的開業であり、駅前には古い新宿（角筈）の街並が残っていた。現在地にプリンスホテルなどが入った地上25階、地下4階の駅ビルが誕生するのは1977（昭和52）年3月である。◎1964（昭和39）年3月20日　撮影：荻原二郎

JR山手線、東京メトロ東西線と連絡している新宿線の高田馬場駅。都内各地との乗り換えには、この駅を利用する乗客が多い。西武鉄道（旧）の村山（現・新宿）線の起終点駅として、仮駅が開業したのは1927（昭和2）年4月。翌年4月に現在地に本駅が開業している。◎1965（昭和40）年5月5日　撮影：荻原二郎

高田馬場　たかだのばば

【所在地】東京都新宿区高田馬場1-35-2
【開業】1927（昭和2）年4月16日
【キロ程】2.0km（西武新宿起点）
【ホーム】2面2線
【乗降人員】301,862（2019年度）

下落合　しもおちあい

【所在地】東京都新宿区下落合1-16-1
【開業】1927（昭和2）年4月16日
【キロ程】3.2km（西武新宿起点）
【ホーム】2面2線
【乗降人員】12,435（2019年度）

2つの電話ボックスが並んだ下落合駅。木造駅舎だった頃の風景で、駅の奥には古い自動券売機が見える。1927（昭和2）年4月に開業し、1930（昭和5）年7月に現在地に移転しており、この頃はまだ構内踏切があった。1986（昭和61）年4月に駅舎が改築されている。
◎1966（昭和41）年4月29日
撮影：荻原二郎

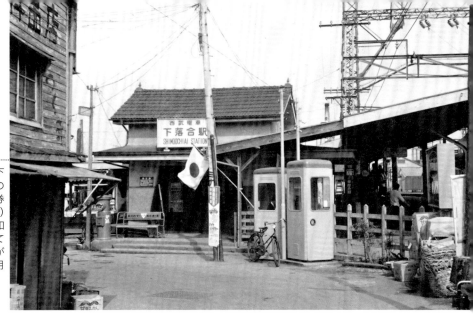

中井　なかい

【所在地】東京都新宿区中落合1-19-1
【開業】1927（昭和2）年4月16日
【キロ程】3.9km（西武新宿起点）
【ホーム】2面2線（通過線1線あり）
【乗降人員】29,347（2019年度）

1927（昭和2）年4月、西武鉄道（旧）の村山（現・新宿）線の駅として開業した中井駅。1997（平成9）年12月には都営地下鉄12号（現・大江戸）線の中井駅が開業して、連絡する形となった。2016（平成28）年12月には北口が開設され、南北自由通路も設置された。
◎1965（昭和40）年4月10日
撮影：荻原二郎

新井薬師前　あらいやくしまえ

【所在地】東京都中野区上高田5-43-20
【開業】1927（昭和2）年4月16日
【キロ程】5.2km（西武新宿起点）
【ホーム】2面2線
【乗降人員】22,176（2019年度）

純喫茶や中華料理店の看板が見える新井薬師駅の駅前。ここから駅名の由来となった新井薬師（梅照院）までは、歴史ある商店街が続いている。駅の開業は村山（現・新宿）線が開通した1927（昭和2）年4月。現在は連続立体交差事業が進められており、将来は地下駅に変わる予定である。
◎1967（昭和42）年2月27日
撮影：荻原二郎

沼袋　ぬまぶくろ

【所在地】東京都中野区沼袋1-35-1
【開業】1927（昭和2）年4月16日
【キロ程】6.1km（西武新宿起点）
【ホーム】2面2線（通過線1線あり）
【乗降人員】20,290（2019年度）

沼袋駅は1927（昭和2）年4月、村山（現・新宿）線時代に開業している。現在の沼袋駅は相対式ホーム2面2線を有する地上駅であるが、新宿線ではこの沼袋駅を含む中井〜野方間の連続立体交差化事業が進められており、将来は島式ホーム2面4線をもつ地下駅になる予定である。
◎1965（昭和40）年10月10日
撮影：荻原二郎

野方　のがた

【所在地】東京都中野区野方6-3-3
【開業】1927（昭和2）年4月16日
【キロ程】7.1km（西武新宿起点）
【ホーム】1面2線
【乗降人員】25,560（2019年度）

1965（昭和40）年に撮影された野方駅の駅前風景。この頃は木造駅舎があり、ホーム間は構内踏切で結ばれていた。1983（昭和58）年4月に駅舎が改築され、同年8月には跨線橋が誕生した。2010（平成22）年10月には再び、改築が実施されて現在の橋上駅舎が完成している。
◎1965（昭和40）年10月10日
撮影：荻原二郎

都立家政　とりつかせい

【所在地】東京都中野区鷺宮1-16-1
【開業】1937（昭和12）年12月25日
　　　　（府立家政⇒都立家政）
【キロ程】8.0km（西武新宿起点）
【ホーム】2面2線
【乗降人員】19,236（2019年度）

この駅の駅名の由来は、現在の都立鷺宮高等学校の前身である府立中野高等家政女学校の存在で、1937（昭和12）年12月の開業時は、「府立家政」を名乗り、1943（昭和18）年7月に「都立家政」に改称している。この当時はホームを結ぶ構内踏切があり、現在は地下道により連絡している。
◎1967（昭和42）年2月27日
撮影：荻原二郎

鷺ノ宮 さぎのみや
【所在地】東京都中野区鷺宮3-15-1
【開業】1927（昭和2）年4月16日
【キロ程】8.5km（西武新宿起点）
【ホーム】2面3線
【乗降人員】33,147（2019年度）

現在のような橋上駅舎に変わる前、地上駅舎だった時代の鷺ノ宮駅の駅舎、ホームである。この鷺ノ宮駅は1927（昭和2）年4月、西武鉄道（旧）村山線の駅として開業した。駅周辺の地名は「鷺宮」で、平安時代の武将、源頼義が建立した八幡宮の森に鷺が多く棲んでいたことに由来している。◎1965年頃　提供：西武鉄道

1927（昭和2）年4月に開業した下井草駅は、この頃も小さな木造駅舎と駅名売店が残っていた。列車が停車しているホームもこの頃はまだ島式1面2線の構造であり、1960年代後半に相対式ホーム2面2線に変わった。現在は南北自由通路を有する、橋上駅舎になっている。◎1965年頃　提供：西武鉄道

下井草 しもいぐさ
【所在地】東京都杉並区下井草2-44-10
【開業】1927（昭和2）年4月16日
【キロ程】9.8km（西武新宿起点）
【ホーム】2面2線
【乗降人員】24,921（2019年度）

井荻　いおぎ

【所在地】東京都杉並区下井草5-23-15
【開業】1927（昭和2）年4月16日
【キロ程】10.7km（西武新宿起点）
【ホーム】2面2線（通過線1線あり）
【乗降人員】19,818（2019年度）

1889（明治22）年、上井草村、下井草村、上荻窪村、下荻窪村が合併して、井荻村が成立。井荻町になった後、1932（昭和7）年に東京市に編入されるまで存在した。この井荻駅は1927（昭和2）年4月、井荻町時代に村山（現・新宿）線に開業した。駅の所在地は杉並区下井草5丁目である。
◎1965（昭和40）年10月10日
撮影：荻原二郎

上井草　かみいぐさ

【所在地】東京都杉並区上井草3-32-1
【開業】1927（昭和2）年4月16日
【キロ程】11.7km（西武新宿起点）
【ホーム】2面2線
【乗降人員】21,302（2019年度）

阿佐ヶ谷駅行きの路線バスが停車している上井草駅の駅前で、バスと売店のある駅舎の間からは駅前交番がのぞき、すし店の看板も見える。1927（昭和2）年に開業した上井草駅には、南北に2つの駅舎があり、跨線橋はなかった。この南口は、1987（昭和62）年10月に駅舎が改築される。
◎1966（昭和41）年2月11日
撮影：荻原二郎

上石神井　かみしゃくじい

【所在地】東京都練馬区上石神井1-2-45
【開業】1927（昭和2）年4月16日
【キロ程】12.8km（西武新宿起点）
【ホーム】2面3線
【乗降人員】44,893（2019年度）

北側を走る池袋線の石神井公園駅に対応する形で、石神井公園の南側に置かれている新宿線の上石神井駅。1960年代に現在のような島式ホーム2面3線の構造となり、1965（昭和40）年3月に写真のような橋上駅舎が誕生している。急行が停車する新宿線の主要駅のひとつである。
◎1965（昭和40）年10月10日
撮影：荻原二郎

武蔵関　むさしせき

【所在地】東京都練馬区関町北2-29-1
【開業】1927（昭和2）年4月16日
【キロ程】14.1km（西武新宿起点）
【ホーム】2面2線
【乗降人員】32,351（2019年度）

「武蔵関」の駅名の由来は、中世に石神井城に拠っていた豊島氏が、このあたりに関所を築いたことによる。駅の所在地は練馬区関町北2丁目で、西側には武蔵関公園が存在する。駅の開業は1927（昭和2）年4月で、この木造駅舎は1966（昭和41）年8月に新しい橋上駅舎に変わっている。
◎1965年頃　提供：西武鉄道

東伏見　ひがしふしみ

【所在地】東京都西東京市東伏見2-5-1
【開業】1927（昭和2）年4月16日
　　　　（上保谷⇒東伏見）
【キロ程】15.3km（西武新宿起点）
【ホーム】2面4線
【乗降人員】24,951（2019年度）

かつては早稲田大学の東伏見ラグビー場の最寄り駅であり、現在は早大東伏見キャンパスの玄関口となっている新宿線の東伏見駅。駅名の由来は、京都から伏見稲荷神社を勧請して創建された東伏見稲荷神社。1927（昭和2）年4月の開業時の駅名は「上保谷」で、1929（昭和4）年11月に現在の駅名になった。
◎1968（昭和43）年2月21日
撮影：荻原二郎

西武柳沢　せいぶやぎさわ

【所在地】東京都西東京市保谷町3-11-24
【開業】1927（昭和2）年4月16日
【キロ程】16.3km（西武新宿起点）
【ホーム】2面2線
【乗降人員】16,616（2019年度）

現在のような橋上駅舎に変わる前、地上駅舎時代の西武柳沢駅の姿である。この駅は1927（昭和2）年4月に開業し、当初は島式ホーム1面2線の構造だったが、1960年代末に相対式ホーム2面2線に変わった。駅名に「西武」を冠しているのは開業当時、長野電鉄に柳沢駅が存在したからである。
◎1966（昭和41）年12月30日
撮影：荻原二郎

田無　たなし
【所在地】東京都西東京市田無町4-1-1
【開業】1927（昭和2）年4月16日
【キロ程】17.6km（西武新宿起点）
【ホーム】2面3線
【乗降人員】75,418（2019年度）

現在のひばりヶ丘駅が1924（大正13）年6月の開業から1959（昭和34）年5月まで、「田無町」の駅名を名乗っていたが、新宿線では1927（昭和2）年4月の開業以来、田無駅が存在してきた。田無市は2001（平成13）年1月に保谷市と合併して、西東京市になっている。
◎1965年頃　提供：西武鉄道

花小金井　はなこがねい
【所在地】東京都小平市花小金井1-10-5
【開業】1927（昭和2）年4月16日
【キロ程】19.9km（西武新宿起点）
【ホーム】1面2線
【乗降人員】59,220（2019年度）

江戸から明治にかけて、桜の名所として有名だった小金井付近の玉川上水。その北側の玄関口の意味で、花小金井駅と名付けられた。駅の開業は1927（昭和2）年4月で、現在は都立小金井公園の最寄り駅となっている。1998（平成10）年12月からは、橋上駅舎が使用されている。
◎1965（昭和40）年10月10日
撮影：荻原二郎

小平　こだいら
【所在地】東京都小平市美園町1-34-1
【開業】1927（昭和2）年4月16日
【キロ程】22.6km（西武新宿起点）
【ホーム】2面4線
【乗降人員】38,780（2019年度）

新宿線と拝島線が分岐している小平駅。戦前から戦後まもなくにかけて、西側に多摩湖鉄道（現・多摩湖線）の小平（後に本小平）駅が存在したが、1949（昭和24）年11月に統合された。駅の構造は島式ホーム2面4線の地上駅で、1968（昭和43）年2月から橋上駅舎が使用されている。
◎1965年頃　提供：西武鉄道

久米川 くめがわ
【所在地】東京都東村山市栄町2-3-1
【開業】1927（昭和2）年4月16日
【キロ程】24.6km（西武新宿起点）
【ホーム】2面2線
【乗降人員】32,638（2019年度）

1927（昭和2）年4月に開業した新宿線の久米川駅は、相対式2面2線のホームをもつ地上駅。この南口の駅舎は1981（昭和56）年12月に改築され、新しい駅舎に変わった。一方、北口には2010（平成22）年に新駅舎が誕生している。駅の所在地は、東村山市栄町である。◎1968（昭和43）年2月21日　撮影：荻原二郎

人口約15万人の東村山市北部の玄関口となっている東村山駅。駅の所在地は東村山市本町2丁目で、東村山市役所の最寄り駅でもある。駅の開業は1894（明治27）年12月の川越鉄道時代で、久米川停車場として開業。1895（明治28）年3月に同駅が廃止され、8月に東村山停車場として営業を開始した。◎1965（昭和40）年10月10日　撮影：荻原二郎

東村山 ひがしむらやま
【所在地】東京都東村山市本町2-3-32
【開業】1894（明治27）年12月21日
　　　　（久米川仮駅⇒東村山）
【キロ程】26.0km（西武新宿起点）
【ホーム】3面6線
【乗降人員】48,934（2019年度）

航空公園　こうくうこうえん

【所在地】埼玉県所沢市並木2-4-1
【開業】1987（昭和62）年 5 月28日
【キロ程】30.5km（西武新宿起点）
【ホーム】2 面 2 線
【乗降人員】24,494（2019年度）

所沢航空記念公園の西に位置する新宿線の航空公園駅は、複葉機のアンリ・ファルマン号をイメージした独特のデザインの橋上駅舎を有している。駅の開業は1987（昭和62）年 5 月で、新宿線の中では最も新しい駅である。所沢市役所、所沢図書館の最寄り駅でもある。
◎1987（昭和62）年
提供：西武鉄道

北所沢　きたところざわ（現・新所沢）

現在の新所沢駅は、1959（昭和34）年 2 月に北所沢駅から駅名を改称しており、これは北所沢駅時代の光景である。この駅のルーツは1938（昭和13）年 6 月に所沢飛行場前駅として開業し、1941（昭和16）4 月に所沢御幸町に改称された。その後、1951（昭和26）年 6 月に現在地に移転して、北所沢駅として開業した。
◎1958年頃　提供：西武鉄道

新所沢　しんところざわ

【所在地】埼玉県所沢市緑町1-21-25
【開業】1951（昭和26）年 6 月11日
　　　　（北所沢⇒新所沢）
【キロ程】31.7km（西武新宿起点）
【ホーム】2 面 4 線
【乗降人員】54,822（2019年度）

1962（昭和37）年西武鉄道初の橋上駅舎となった新所沢駅。1996（平成 8）年12月にホームを 2 面 4 線に改良する工事が完了している。
◎1965（昭和40）年
提供：西武鉄道

入曽 いりそ

【所在地】埼玉県狭山市南入曽567
【開業】1895 (明治28) 年3月21日
【キロ程】35.6km (西武新宿起点)
【ホーム】2面2線
【乗降人員】17,764 (2019年度)

埼玉の名産品として知られる「狭山茶」の産地近くに置かれている新宿線の入曽駅。川越鉄道時代の1895 (明治28) 年3月に開業した、歴史ある駅である。これは1973 (昭和48) 年6月に駅舎が改築される前の姿で、ホーム間は跨線橋ではなく、構内踏切で結ばれていた。
◎1960年頃　提供：西武鉄道

狭山市 さやまし

【所在地】埼玉県狭山市入間川1-1-1
【開業】1895 (明治28) 年3月21日
　　　　（入間川⇒狭山市）
【キロ程】38.6km (西武新宿起点)
【ホーム】2面2線
【乗降人員】41,050 (2019年度)

1979 (昭和54) 年3月に駅舎を改築して、現在の狭山市駅に改称する前、入間川駅時代の木造駅舎である。この当時、駅名になっていた「入間川」は、荒川水系の一級河川で、江戸時代には埼玉の各地から江戸に物資を運ぶ重要な水路だった。駅の開業は1895 (明治28) 年3月である。
◎1965 (昭和40) 年10月10日
撮影：荻原二郎

新狭山 しんさやま

【所在地】埼玉県狭山市新狭山3-12-1
【開業】1964 (昭和39) 年11月15日
【キロ程】41.3km (西武新宿起点)
【ホーム】2面2線
【乗降人員】20,559 (2019年度)

東京オリンピックが開催された1964 (昭和39) 年の11月に開業した新宿線の新狭山駅。大阪の南海高野線には既に狭山駅があって、「新」を冠した駅になり、1979 (昭和54) 年3月には入間川駅が狭山市駅に改称している。現在の新狭山は、橋上駅舎を有する地上駅となっている。
◎1965年頃　提供：西武鉄道

南大塚 みなみおおつか
【所在地】埼玉県川越市南台3-14
【開業】1897（明治30）年11月14日
【キロ程】43.9km（西武新宿起点）
【ホーム】2面2線
【乗降人員】16,937（2019年度）

現在は新宿線の単独駅となっている南大塚駅だが、1963（昭和38）年までは安比奈線（貨物駅）との分岐点となっていた。もともとは1897（明治30）年11月に川越鉄道の駅として開業している。現在の南大塚駅は、相対式ホーム2面2線の地上駅で、橋上駅舎を有している。◎1960年頃　提供：西武鉄道

川越市内の中心部には、新宿線の終着駅である本川越駅と、JR川越線・東武東上線の川越駅、東上線の川越市駅が存在している。本川越駅は1895（明治28）年3月に川越鉄道の川越駅として開業。1940（昭和15）年7月に国鉄（現・JR）の川越駅が開業したことで、本川越駅に改称した。◎1965（昭和40）年10月10日　撮影：荻原二郎

本川越 ほんかわごえ
【所在地】埼玉県川越市新富町1-22
【開業】1895（明治28）年3月21日
　　　　（川越⇒本川越）
【キロ程】47.5km（西武新宿起点）
【ホーム】2面3線
【乗降人員】53,230（2019年度）

拝島線

萩山　はぎやま
【所在地】東京都東村山市萩山町2-1-1
【開業】1928(昭和3)年4月6日
【キロ程】1.1km(小平起点)、
　　　　　4.6km(国分寺起点)
【ホーム】2面3線
【乗降人員】10,118(2019年度)

拝島線と多摩湖線が連絡する萩山駅は、1928年(昭和3)年4月に多摩湖鉄道の起終点駅として開業し、1958(昭和33)年に現在地に移転した。これは現在のような橋上駅舎に変わる前の小さな地上駅舎の姿。橋上駅舎は1967(昭和42)年に誕生し、1990(平成2)年に増改築された。◎1961(昭和36)年2月5日　撮影：荻原二郎

小川　おがわ
【所在地】東京都東村山市小川東町1-20-1
【開業】1894(明治27)年12月21日
【キロ程】2.7km(小平起点)、
　　　　　5.1km(国分寺起点)
【ホーム】2面4線
【乗降人員】29,859(2019年度)

1894(明治27)年12月、川越鉄道(現・西武国分寺線)の駅として開業した小川駅は、西武鉄道最古の駅のひとつである。その後、上水(現・拝島)線との接続駅となり、1964(昭和39)年に橋上駅舎に変わった。駅の構造は、島式ホーム2面4線を有する地上駅である。◎1966(昭和41)年2月11日
撮影：荻原二郎

東大和市　ひがしやまとし
【所在地】東京都東大和市桜が丘1-1415-1
【開業】1950(昭和25)年5月15日
　　　　(青梅橋⇒東大和市)
【キロ程】5.7km(小平起点)
【ホーム】2面2線
【乗降人員】25,177(2019年度)

拝島線の東大和市駅は、1950(昭和25)年に青梅橋駅として開業。この当時は地上駅だった。1970(昭和45)年に大和町が市制を施行して東大和市となったことで、1979(昭和54)年3月、「東大和市」に駅名を改称。1980(昭和55)年に高架駅となっている。
◎1963(昭和38)年1月3日
撮影：荻原二郎

玉川上水　たまがわじょうすい

【所在地】東京都立川市幸町6-36-1
【開業】1950（昭和25）年5月15日
【キロ程】7.2km（小平起点）
【ホーム】2面3線
【乗降人員】42,416（2019年度）

西武拝島線と多摩モノレールの連絡駅となっている玉川上水駅。文字通り、玉川上水の流れの北側に置かれ、西側には国立音楽大学のキャンパスが存在する。駅の開業は上水線と呼ばれていた1950（昭和25）年5月で、当初は起終点駅だった。現在の駅の構造は島式ホーム2面3線の橋上駅である。
◎1965（昭和40）年10月10日
撮影：荻原二郎

武蔵砂川　むさしすながわ

【所在地】東京都立川市上砂町5-44-4
【開業】1983（昭和58）年12月12日
【キロ程】9.6km（小平起点）
【ホーム】2面2線
【乗降人員】12,255（2019年度）

1983（昭和58）年12月、拝島線の新駅として開業した武蔵砂川駅。「砂川」の名称の駅は北海道の函館本線にあり、大阪の阪和線にも「和泉砂川」の名称の駅が存在する。2014（平成26）年に駅舎がリニューアルされて、2019（平成31）年には駅前ロータリーが新設された。◎2015（平成27）年

西武立川　せいぶたちかわ

【所在地】東京都立川市西砂町1-21-2
【開業】1968（昭和43）年5月15日
【キロ程】11.6km（小平起点）
【ホーム】1面2線
【乗降人員】11,705（2019年度）

立川市と昭島市との市境に置かれている拝島線の西武立川駅。所在地は立川市西砂町1丁目である。1968（昭和43）年5月、玉川上水〜拝島間が開通し、この駅も開業した。2011（平成23）年3月、地上駅から現在のような南北自由通路をもつ橋上駅舎に変わっている。
◎1968（昭和43）年5月15日　撮影：荻原二郎

拝島　はいじま

【所在地】東京都昭島市美堀町5-21-2
【開業】1968（昭和43）年5月15日
【キロ程】14.3km（小平起点）
【ホーム】1面2線
【乗降人員】36,317（2019年度）

JRの青梅線、五日市線、八高線が連絡する拝島駅と連絡している西武拝島線の拝島駅。玉川上水〜拝島間が開通したのは1968（昭和43）年5月で、西武駅の開設に伴い、北口が開かれた。西武駅の構造は島式ホーム1面2線の地上駅で、駅の所在地は昭島市美堀町5丁目。一方、JR駅は昭島市松原町4丁目にある。◎1965（昭和40）年10月10日　撮影：荻原二郎

多摩湖線

国分寺　こくぶんじ

【所在地】東京都国分寺市本町2-1-23
【開業】1894（明治27）年12月21日
【キロ程】0.0km（国分寺起点）
【ホーム】1面1線（多摩湖線）、
　　　　　1面1線（国分寺線）
【乗降人員】117,796（2019年度）

多摩湖線と国分寺線が接続している国分寺駅。かつては、国分寺線の線路が国鉄（現・JR）中央本線とつながっていた。駅の開業は甲武鉄道（現・中央本線）が1889（明治22）年4月、川越鉄道（現・国分寺線）は1894（明治27）年12月で、多摩湖鉄道（現・多摩湖線）は1928（昭和3）年4月に開業している。
◎1965年頃　提供：西武鉄道

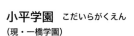

小平学園　こだいらがくえん
（現・一橋学園）

1928（昭和3）年4月に開業した小平学園だが、5年後の1933（昭和8）年9月に商大予科前（後の一橋大学）駅が開業したことで、戦後の1966（昭和41）年6月に両駅が統合されて、一橋学園駅が誕生した。なお、小平学園の「学園」は、学校ではなく、箱根土地が開発した「学園都市」に由来する。
◎1965年頃　提供：西武鉄道

一橋学園　ひとつばしがくえん

【所在地】東京都小平市学園西町2-1-1
【開業】1933（昭和8）年9月11日
　　　（商大予科前⇒一橋大学⇒一橋学園）
【キロ程】2.4km（国分寺起点）
【ホーム】1面2線
【乗降人員】21,189（2019年度）

多摩湖線に置かれている一橋学園駅は1966（昭和41）年7月、この一橋大学駅と小平学園駅が合併して誕生している。一橋大学駅は1933（昭和8）年9月に商大予科前として開業。1949（昭和24）年5月、学制改革による大学名の変更に伴い、一橋大学駅となっていた。
◎1967（昭和42）年
提供：西武鉄道

青梅街道　おうめかいどう

【所在地】東京都小平市小川町2-1846
【開業】1928（昭和3）年4月6日
【キロ程】3.4km（国分寺起点）
【ホーム】1面1線
【乗降人員】8,367（2019年度）

多摩湖線が青梅街道（都道5号）と交差する地点に置かれている西武の青梅街道駅。西側ではJR武蔵野線が青梅街道を超える場所に新小平駅が存在、さらに西側には西武国分寺線が通っている。この青梅街道駅の開業は1928（昭和3）年4月で、駅の構造は単式ホーム1面1線の地上駅である。
◎1961（昭和36）年8月
撮影：園田正雄

八坂　やさか

【所在地】東京都東村山市栄町3-18-1
【開業】1942（昭和17）年10月1日
【キロ程】5.6km（国分寺起点）
【ホーム】1面1線
【乗降人員】6,171（2019年度）

西武の多摩湖線が府中街道（都道16号）と交わる地点に置かれている八坂駅。府中街道の西側には国分寺線が走っており、この駅の南側には拝島線も通っている。八坂駅の開業は太平洋戦争中の1942（昭和17）年10月で、軍部の要請で駅（停留所）が設置された。◎1965年頃　提供：西武鉄道

武蔵大和　むさしやまと

【所在地】東京都東村山市廻田町3-9-19
【開業】1930（昭和5）年1月23日（村山貯水池⇒武蔵大和）
【キロ程】8.1km（国分寺起点）
【ホーム】1面1線
【乗降人員】7,389（2019年度）

旧日本海軍の戦艦名を組み合わせたような駅名の「武蔵大和」は、武蔵国と大和村（現・東大和市）から採られている。1930（昭和5）年1月に村山貯水池駅として開業し、1936（昭和11）年12月に現在地（東村山市廻田町）に移転し、「武蔵大和」の駅名に改称した。◎1965年頃　提供：西武鉄道

西武遊園地　せいぶゆうえんち

【所在地】東京都東村山市多摩湖町3-15-18
【開業】1936（昭和11）年12月30日
　　　（村山貯水池⇒狭山公園前⇒
　　　　多摩湖⇒西武遊園地）
【キロ程】9.2km（国分寺起点）
【ホーム】1面1線（山口線）、
　　　　　1面2線（多摩湖線）
【乗降人員】2,587（2019年度）

1965（昭和40）年に撮影された、多摩湖駅時代の駅舎である。この駅は1936（昭和11）年12月に開業。狭山公園前という駅名をへて、1951（昭和26）年9月に多磨湖駅となっていた。その後の駅名改称で、現在は西武遊園地駅を名乗っているが、2021（令和3）年には再び、多摩湖駅になる予定である。◎1965（昭和40）年10月10日　撮影：荻原二郎

国分寺線、西武園線

恋ヶ窪　こいがくぼ
【所在地】東京都国分寺市戸倉1-1-4
【開業】1955（昭和30）年2月10日
【キロ程】2.1km（国分寺起点）
【ホーム】2面2線
【乗降人員】12,851（2019年度）

「恋ヶ窪」という地名、駅名は鎌倉時代の武将、畠山重忠に寵愛されていた遊女が、重忠が亡くなったことを聞いて自害したことによると伝わる。中世には鎌倉街道の宿駅があったが、地名の由来には諸説ある。国分寺線の駅は、1955（昭和30）年2月に開業している。
◎1966（昭和41）年12月18日
撮影：荻原二郎

鷹の台　たかのだい
【所在地】東京都小平市たかの台45-4
【開業】1948（昭和23）年10月21日
【キロ程】3.6km（国分寺起点）
【ホーム】2面2線
【乗降人員】25,914（2019年度）

1948（昭和23）年10月に開業した当初は、単式ホーム1面1線の駅だった鷹の台は、1961（昭和36）年10月に相対式2面2線の構造になった。1985（昭和60）年に駅舎が改築されている。駅の西側が小平市たかの台で、東側（津田町）には小平中央公園が広がっている。
◎1966（昭和41）年12月18日
撮影：荻原二郎

西武園　せいぶえん
【所在地】東京都東村山市多摩湖町4-29-1
【開業】1930（昭和5）年4月5日
　　　　（村山貯水池前⇒狭山公園⇒西武園）
【キロ程】2.4km（東村山起点）
【ホーム】2面3線
【乗降人員】3,591（2019年度）

東側の東村山駅方面から西武園ゆうえんち方面に延びる、西武園線の終着駅である。1950（昭和25）年5月、臨時駅の西武園駅として開業。翌年3月、村山貯水池駅と統合されて常設駅となった。北側にある西武園競輪場、西武園ゴルフ場の最寄り駅の役割も果たしている。
◎1965（昭和40）年10月10日
撮影：荻原二郎

多摩川線

武蔵境　むさしさかい
【所在地】東京都武蔵野市境南町2-1-12
【開業】1917(大正6)年10月22日(境⇒武蔵境)
【キロ程】0.0km(武蔵境起点)
【ホーム】1面2線
【乗降人員】30,854(2019年度)

多摩川線の起点駅である武蔵境駅の
ホームは当時、中央本線と共用であっ
た。当線は1917(大正6)年10月に
開業。当時は国鉄(現・JR)の駅も「境」
を名乗っており、1919(大正8)年7
月に「武蔵境」の駅名に改称した。
現在はJR、西武ともに高架駅となっ
ている。◎1961(昭和36)年11月
撮影：小川峯生

新小金井　しんこがねい
【所在地】東京都小金井市東町4-24-1
【開業】1917(大正6)年10月22日
【キロ程】1.9km(武蔵境起点)
【ホーム】2面2線
【乗降人員】4,041(2019年度)

1917(大正6)年10月に多摩鉄
道の新小金井駅として開業。駅
の所在地は小金井市東町4丁目
である。JRの中央本線には武蔵
小金井駅、東小金井駅が存在す
るが、どちらもこの駅より遅い
開業である。とはいえ、栃木県
の東北本線には既に小金井駅が
あり、「新」を付けた駅名が採
用されている。
◎1964(昭和39)年5月17日
撮影：荻原二郎

多磨　たま
【所在地】東京都府中市紅葉丘3-42-2
【開業】1929(昭和4)年1月5日
　　　　(多磨墓地前⇒多磨)
【キロ程】4.1km(武蔵境起点)
【ホーム】1面1線
【乗降人員】13,757(2019年度)

現在の多磨駅は1929(昭和4)年
1月、多磨鉄道の多磨墓地前駅と
して開業。1988(昭和63)年3
月に駅舎を改築し、2001(平成
13)年3月に「多磨」の駅名に改
称した。駅名の由来である都立
多磨霊園(多磨墓地)には、軍人
の山本五十六、小説家の江戸川乱
歩、女優の入江たか子、画家の岡
本太郎らが眠っている。
◎1964(昭和39)年5月17日
撮影：荻原二郎